Longfor 龙湖地产

地产品堂

与千家开发商共品地产盛宴

地产品堂

目录 CONTENTS

100
사은 大축제

韩国Galleria Centercity百货公司

项目名称：Galleria Centercity百货公司

开 发 商：Hanwha Galleria Co. LTD

地　　点：韩国天安市

设计公司：荷兰UNStudio

主创设计师：Ben van Berkel

用地面积：11 235平方米

占地面积：7 090平方米

建筑面积：110 530.73平方米

摄 影 师：Christian Richters, Kim Yong-kwan

背景

天安

天安市坐落在首尔以南，距离首尔80千米，以铁路和公路与首都相连，交通十分便利。最近又刚刚建成一条新的高速铁路。新高速铁路火车站周围地区正在开发之中。住宅、办公室和新百货商场也在开发计划之中。

UNStudio和Galleria

2003年，UNStudio重新整修了位于首尔狎鸥亭洞区的Galleria百货公司。翻新的大楼正面和商场的公共区域吸引了全世界的注意，游客数量大幅增加。那次翻修成功之后，Galleria Centercity百货公司的拥有者和运营者韩华集团委托由荷兰建筑师Ben van Berkel领军的UNStudio建筑事务所在天安市设计一个全新的项目。

在韩国，这类奢侈百货商场代表的不仅仅是购物，百货商场是休闲场所，也是社会活动场所。因此，UNStudio在设计过程中对百货商场的公共区域极为关注。公共区域内的空间联系和视觉效果都创造出一种生动活泼的环境。这个环境的中心不是厂商，而是消费者。

UNStudio简介

UNStudio是一家荷兰建筑设计工作室，由Ben van Berkel与Caroline Bos于1988年创办，专业从事建筑设计、城市规划和基础设施建造等多方面的设计业务。工作室的名称UNStudio乃United Network Studio（联合网络工作室）之意，代表着工作室在进行业务运作过程中的协作属性。

在过去20多年的经验中，UNStudio跟国际咨询公司、合作伙伴以及世界各地的顾问扩展网络式的持续合作，从而不断扩充自己的实力。这些经验形成一个有影响力的联合网络，加上UNStudio位于阿姆斯特丹和上海市中心的办公室，使其在世界任何一个角落都能高效地创作出高素质并且独特的设计。在亚洲、欧洲、北美洲已经拥有70多个不同规模和类型的建筑项目，而且工作室仍在继续扩展全球业务，近期在中国大陆、韩国、中国台湾、意大利、德国以及美国各地都获得了委托项目。

UNStudio采用联合网络式运作机制，并已经开发出了一种高度灵活的操作模式，其中包括参数设计以及和其他领域的顶尖专家们进行协作。UNStudio自成立以来一直活跃于国际舞台上，并已经在世界各地设计了不少的作品，其中包括公共建筑、基础设施、办公楼宇、住宅建筑、产品设计以及城市总体规划。迄今为止，UNStudio显著的项目包括：斯图加特新建的梅塞德斯-奔驰博物馆（德国，2006）、杭州的大型多用途项目来福士广场（中国，2008—2014）、天安市的Galleria Centercity百货公司（韩国，2010）、首尔的Galleria百货公司（韩国，2005）、水原市的I'Park城项目（韩国，2007—2012）、高雄大立精品百货公司（中国台湾，2009）、纽约州私人住宅VilLANM（美国，2007）、莱利斯塔德的Agora剧院（荷兰，2007）以及鹿特丹的伊拉斯谟大桥（荷兰，1996）等。

Ben van Berkel

photo credit: Inga Powilleit

项目

地点

Galleria Centercity百货公司是新开发区的入口。首尔通往天安的主路上就能清楚地看见这座大楼。这座大楼会在市区的开发中发挥主要作用。

大楼外观

大楼外观采用视错觉的策略，大楼上面先铺上一层复合铝板，再铺上两层定制的铝型材。铝型材的纵剖面是直的，但是复合铝板的纵剖面是成角度的。这样就形成了波浪式的外观，观众站的位置不同，看到的外观也不同（这就是莫尔效应）。

莫尔效应（Moiré effect）、特殊照明和动画保证了大楼外观会不断变幻。而内部四个不同的专题徽章都能在外墙上看到，大楼内外以这样一种错综复杂的方式联系在一起。

灯光设计

灯光设计和建筑设计同时进行，利用了外墙双层铝板的结构。为了用最少的照明灯具，最小的散光效果，达到最大的显示面积，特殊设计和定制生产的灯具设置在铝型材的竖框中。从外面看不见这些灯具，但是这些灯具能把光透过竖框投射到复合铝板上，投射的是大范围的像素。根据灯具在莫尔效应创造的波浪中的位置，灯具设为三原色光或者白光。大楼角落的低像素显示墙会渐渐变成高像素显示墙，可以显示细节信息。

动画

动画由UNStudio设计。特别设计的内容跟百货商场的主题相关，这些主题包括：时尚、活动、艺术和公共生活。电脑系统随机播放事先选好的片段。创造特效时，考虑了每个外墙上面的饱和度、节奏和位置。晚上灯光投射，让背墙的竖框消失不见，视错觉会无处不在。从远处看，大帆布上面的图案清晰可见，但是近距离看，图案像是溶解了，这样，整个大楼就像是在散发着光芒。

功能

包括百货公司、停车场、超级市场、美食广场、餐厅、儿童餐厅、贵宾房、艺术中心、文化中心、屋顶平台。

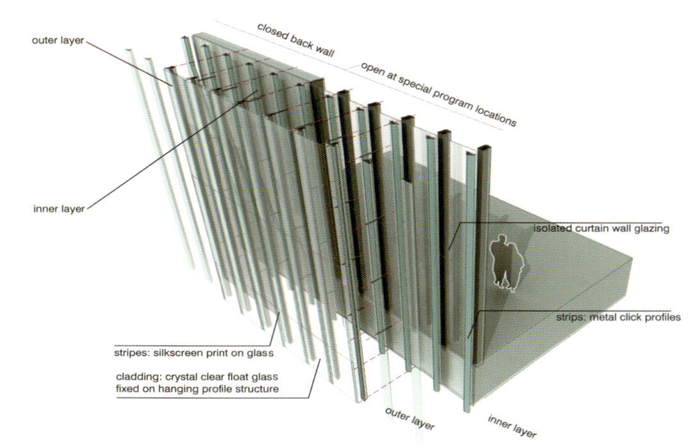

Galleria Centercity百货公司不是根据传统标准设计的，而是根据目前大型商业场所中顾客的行为倾向设计的。尤其在东南亚，百货商场扮演着十分重要的社会功能，人们在这里逛商场、购物、见面、聚会以及用餐。百货商场不仅仅是一个商业场所，还为建筑设计师提供了一个发挥设计才华、扩展来访者社会和文化经历的机会。如果说，如今我们把博物馆看做超级市场，那么我们也可以把百货商场看成一所博物馆。

设计理念的核心就是超越高效性和营利性，注重实用性。以此为目标，UNStudio采用了多种不同的设计，为参观者提供别有洞天的体验。

大楼的外表无可挑剔。双层外壁的竖框采用视幻觉法，外壁的竖框让参观者看不出大楼的规模，是三层楼？还是十五层楼？大楼内部的设计也在继续这种游戏，故意不让消费者看出来商场的大小和规模。消费者进入商场后，看到的是一个丰富多彩的空间，吸引他们继续探索，消费者在大楼活动、上下时就能领略到商场的全貌。

Galleria Centercity百货公司融合了一大批文化和公共空间，包括一个艺术和文化中心。地下的食品专区和名品超市构成了大楼内的另外一个特色，同整体的设计风格融为一体。

这样的设计结构和格局让Galleria Centercity在大型商业百货商场私人化的空间中重新开辟了社会和文化的交流场所。

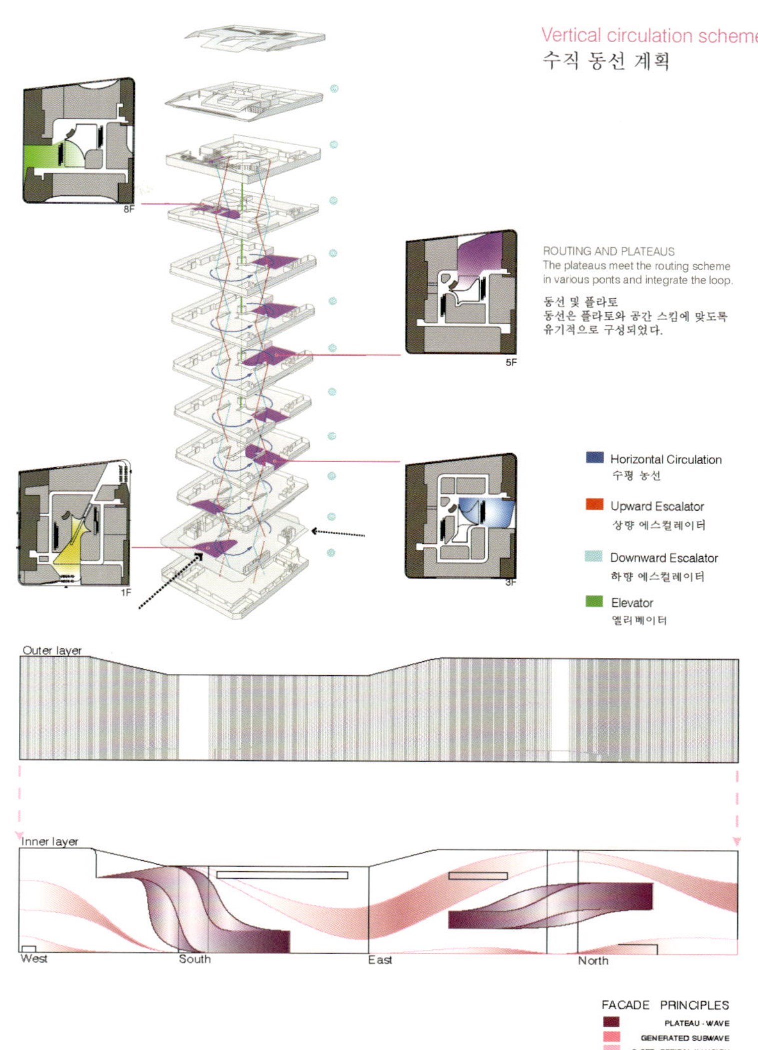

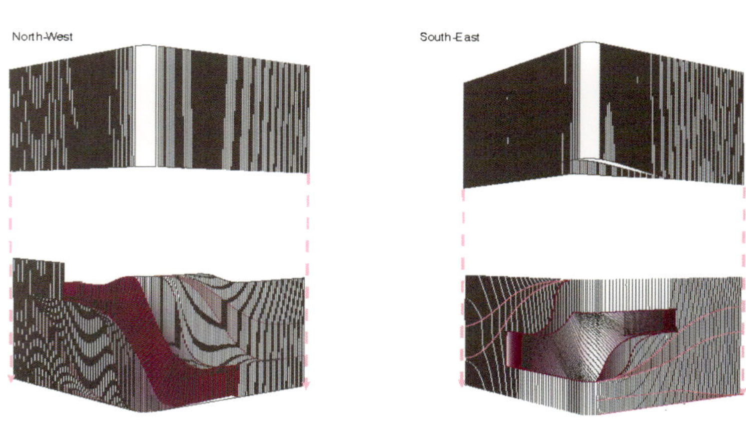

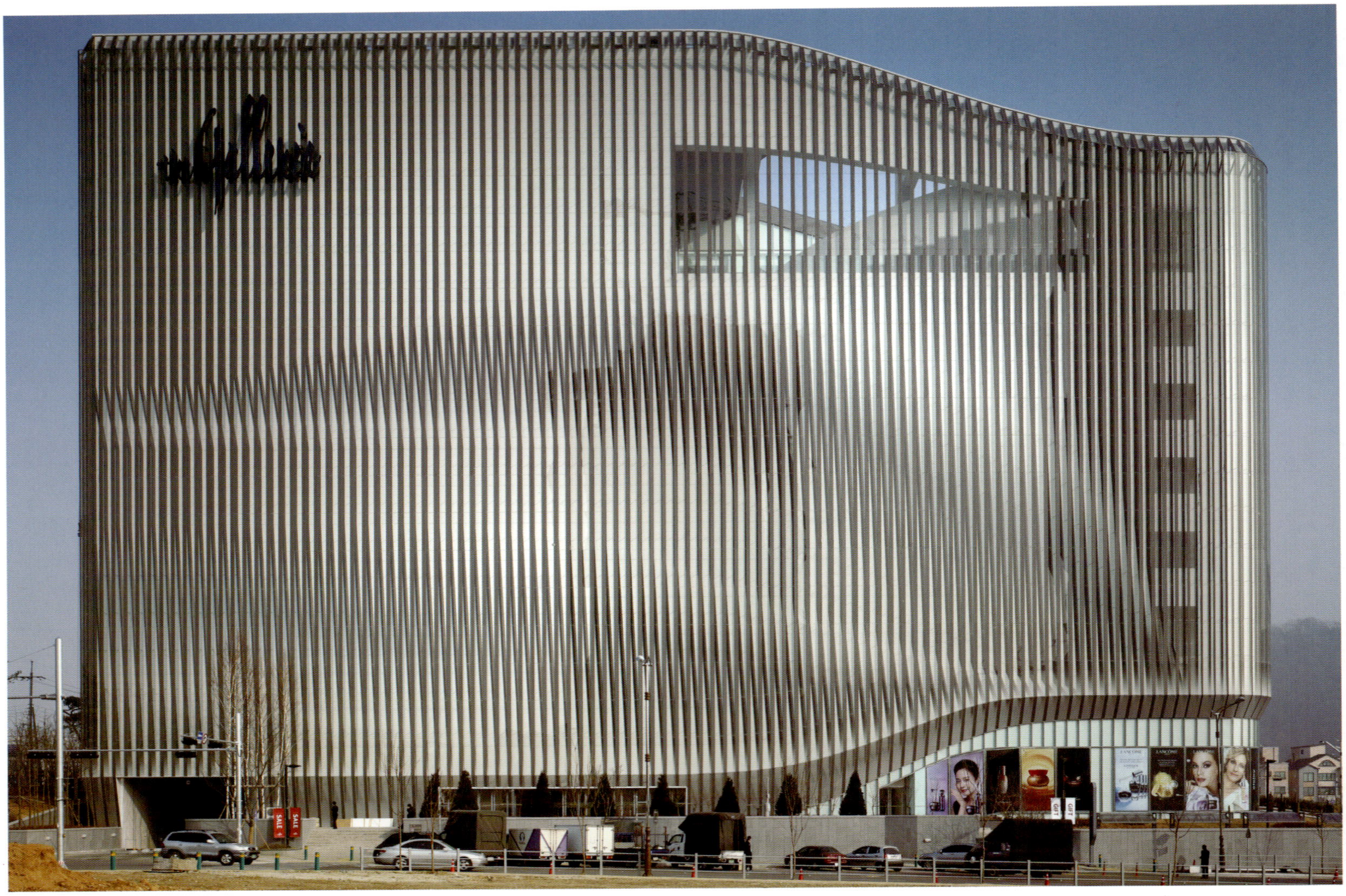

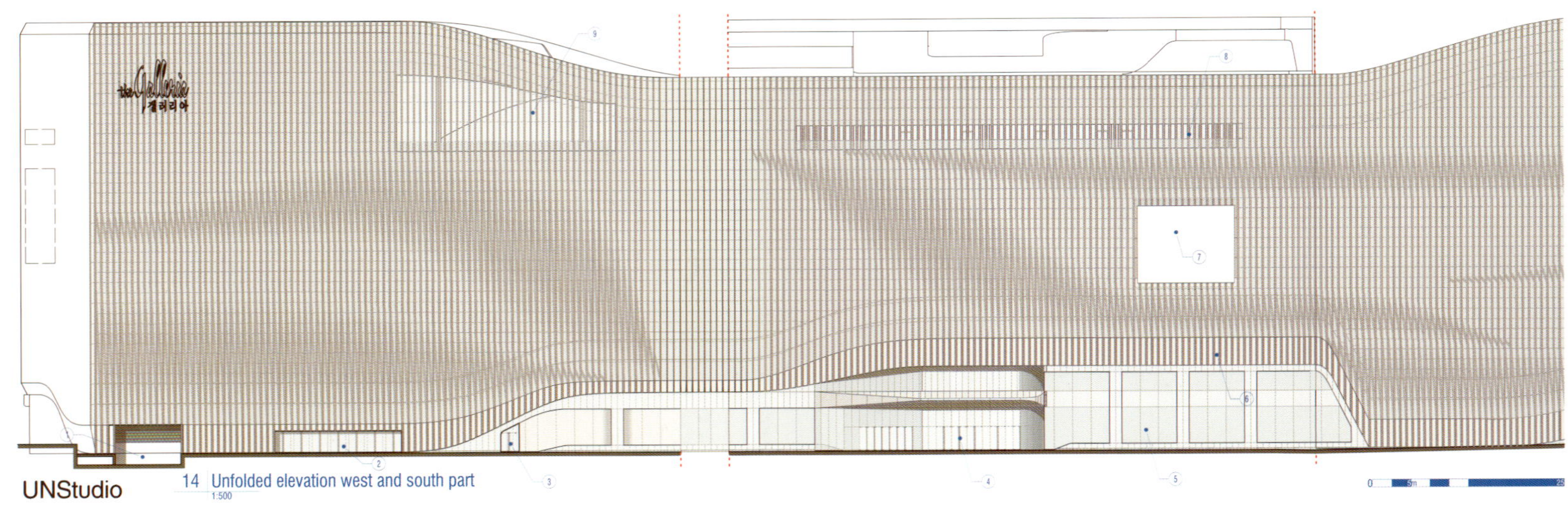

14 Unfolded elevation west and south part 1:500

千变万化的外立面

Galleria Centercity百货公司的效果中最有趣的一点，就是中庭的设计和大楼正面的莫尔处理。UNStudio创造了视错觉，大楼正面的大小似乎在不断变化，创造出了双重影像。这栋大楼没有一成不变的影像。

大规模动态人流和视错觉

主要的建筑主题是商场内外的动态人流。总面积66 000平方米的大楼坐落在中心地带，大楼外观会不时变化以吸引游客注意。莫尔效应、特殊照明和动画保证了大楼外观会不断变幻。

双层面板的外墙包裹住了整个大楼，复合铝板上还有一些开口。阳光可以透过这些开口进入商场内部。同时，外墙的片晶防

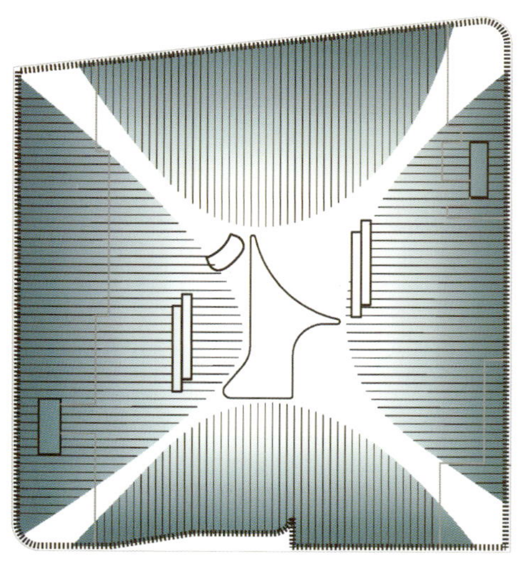

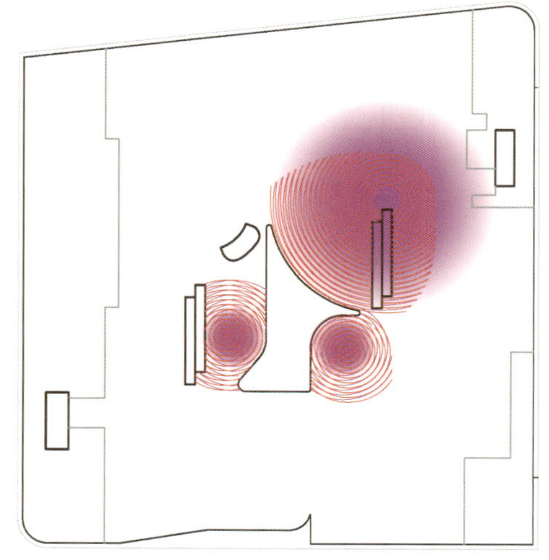

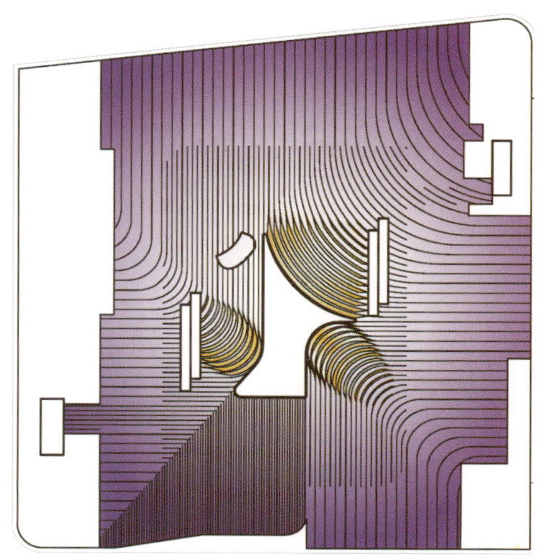

止阳光直接照进大楼，保证了环境的凉爽，而大楼内部的白色抛光墙壁减少了对人造光的需要。

显示墙——世界上最大的照明显示墙之一

大楼外部设计的策略是创造一种视错觉。大楼白天呈现的是单色的反光外观，晚上使用的是浅色调，在外墙上呈现有色光波。UNStudio 特别为大楼设计的电脑生成动画融入了大楼的灯光设计之中。

地点商标——而非名称商标

高度融合的显示墙显示的主题动画内容并不是创造一个由各个品牌特征构成的广告牌平台，而是促进了更加全面的城市广告方式，这种广告方式跟商场的地点有关。

TYPICAL MALL
With balconies in central void

TYPICAL MALL CONCEPT
Applied to site with access on two opposite corners
(direct access to vertical circulation)

TYPICAL MALL CONCEPT
With stacked escalators, integrated elevators and plateaus on different positions
(3F, 5F, 7F, 9F)

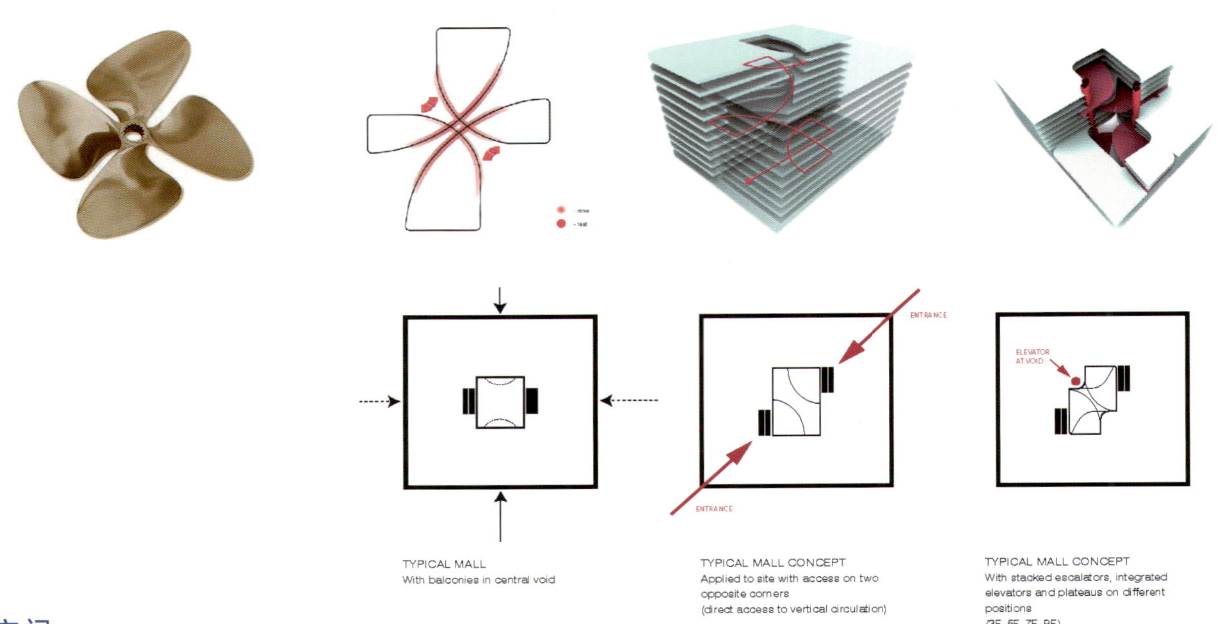

特殊室内空间

UNStudio细致地设计了三个半公共区域的室内空间，包括VIP房间、艺术中心以及消费者服务区域。这些空间的室内设计包括一个垂直部分，是以钻石为主题的展示模式，可以适应不同空间的需要和条件。纵表面由几种材质构成：半透明膜或者不透明固体。这些表面可以提供不同的景观，创造VIP房间的私密感。这些表面也可成为单纯的装饰，或者成为书架或融合品牌商标的空间。

这些“特殊项目”满足了客户的独特需求，客户需要把大型商场、不同的文化和公共项目结合起来，显示这类商场作为公共服务提供商的重要性和无限潜力。

地下的食品专区和名产超市又是大楼的一大特色，同整体的设计风格融为一体。

一些特殊项目在大楼的上面几层，同顶层的阳台紧紧相连。阳台可以看做是内部公共区域的延伸。

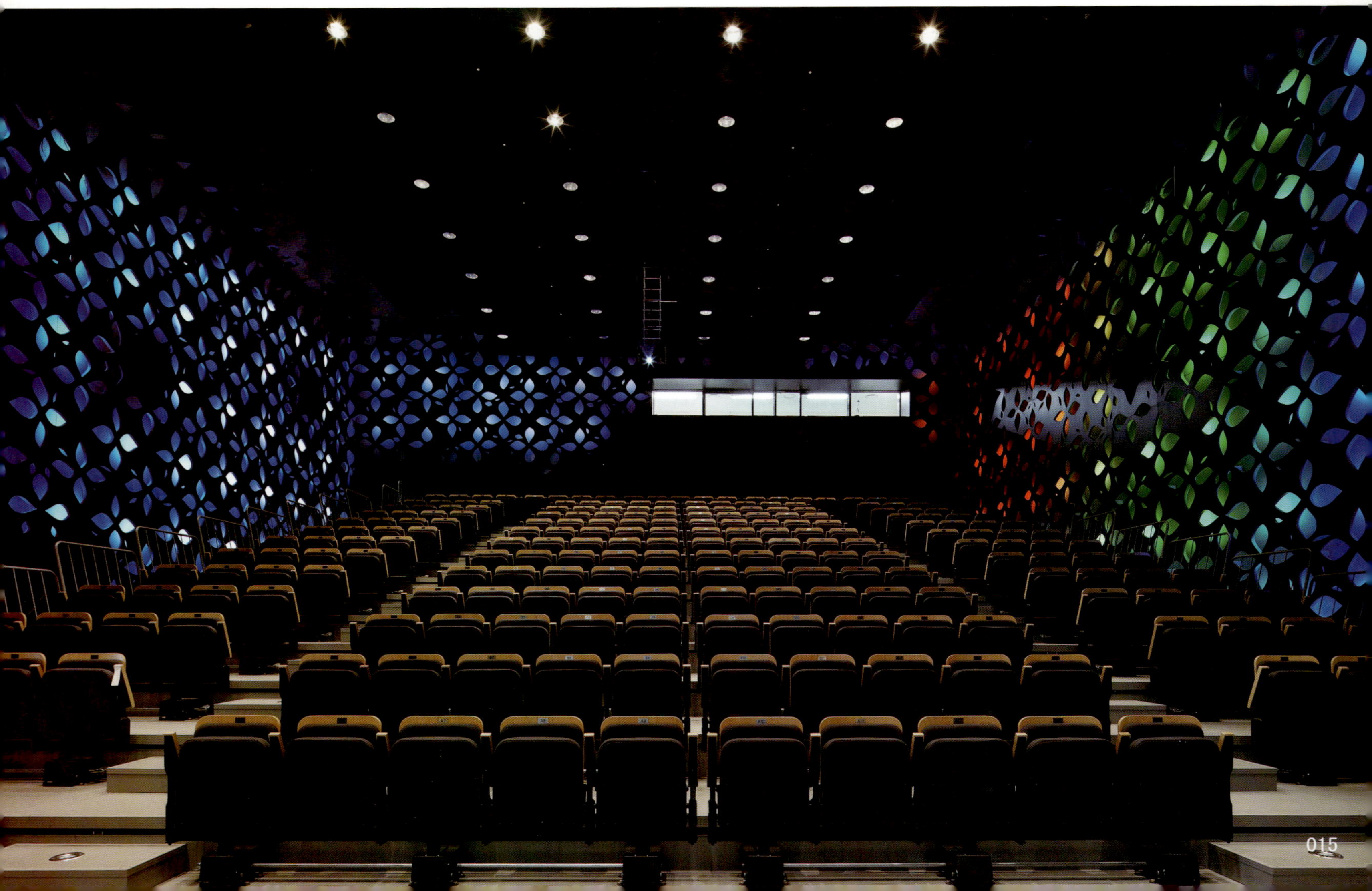

Day View

Champagne silver

Back layer
Champagne Silver

Front layer
Champagne Silver

Night View in different colors

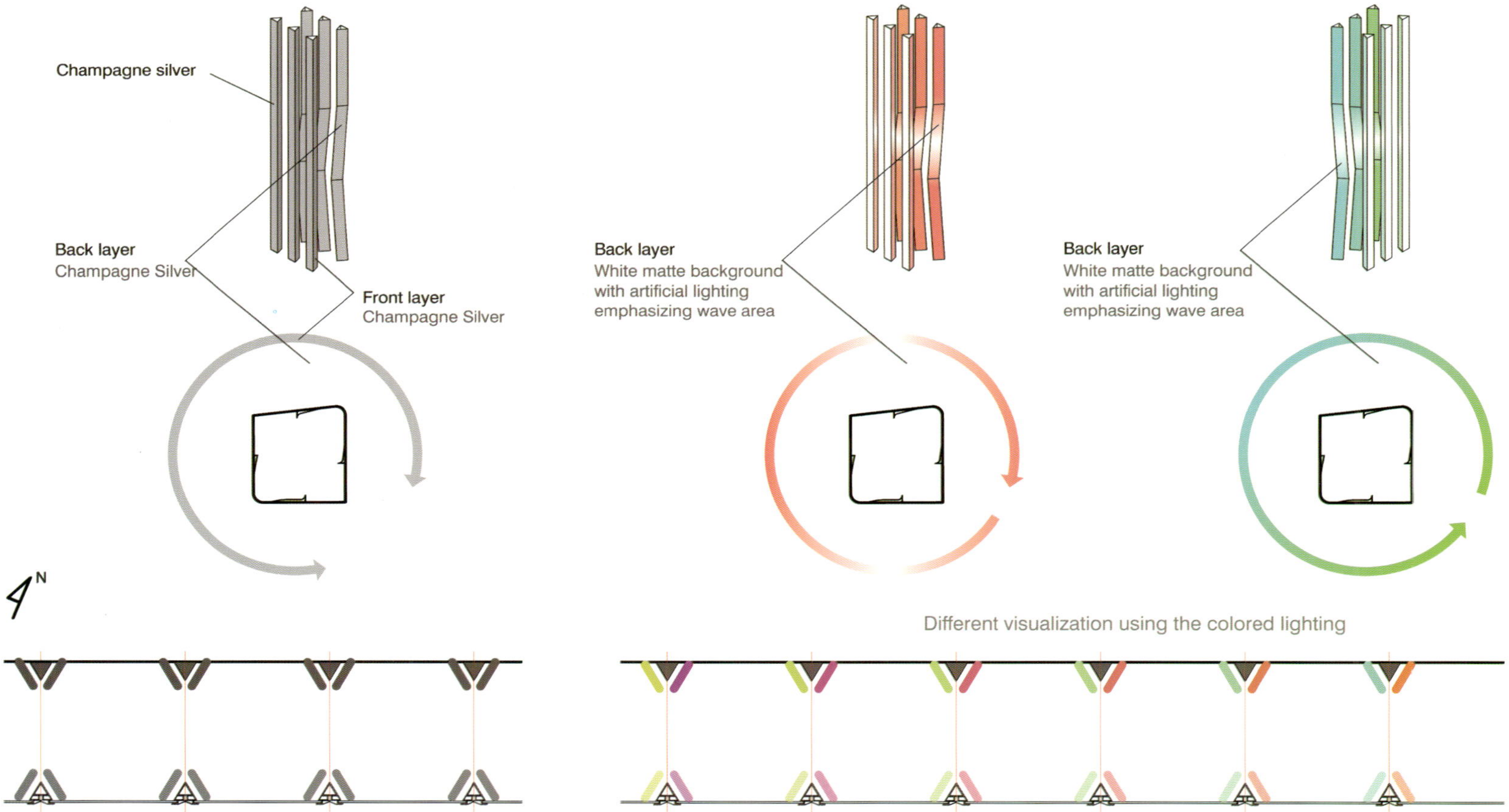

Back layer
White matte background
with artificial lighting
emphasizing wave area

Back layer
White matte background
with artificial lighting
emphasizing wave area

N

Different visualization using the colored lighting

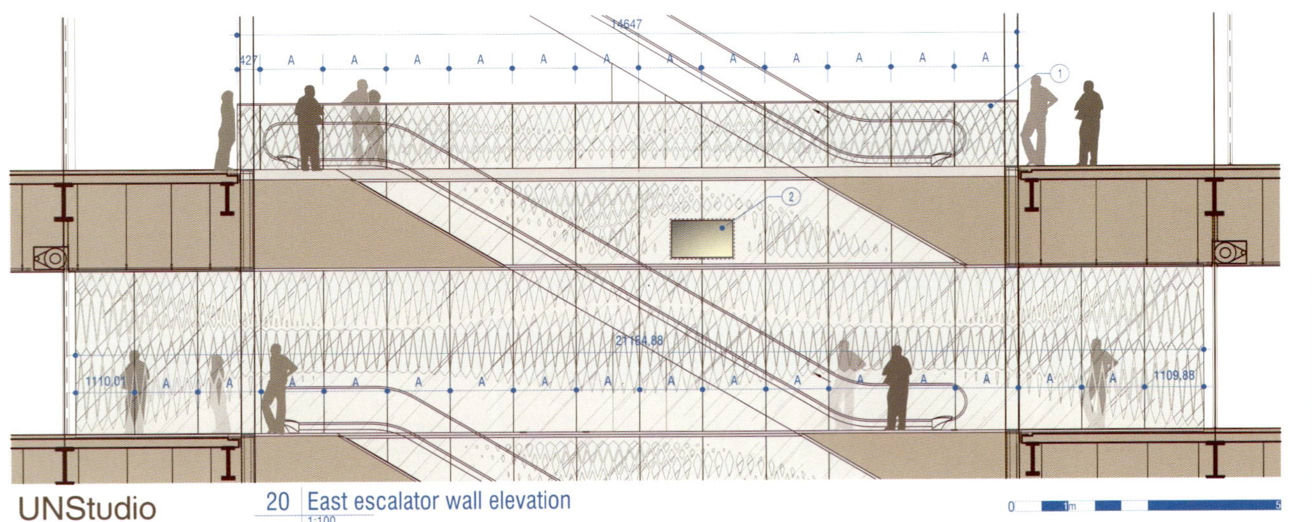

20 East escalator wall elevation 1:100

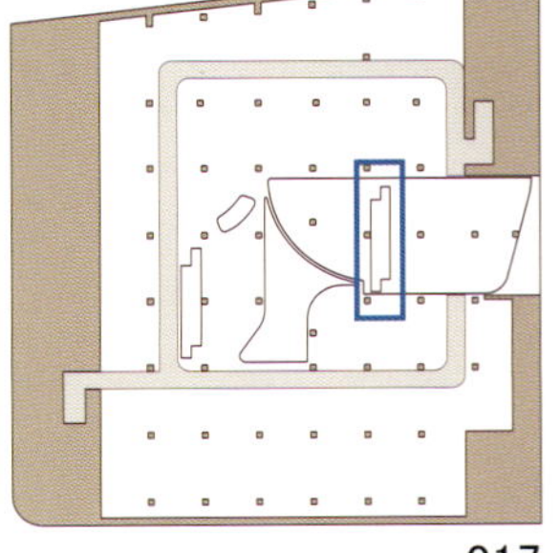

UNStudio

室内设计

屋顶的灯串照明加强了曲线的流转，给室内设计带来了独特的风格。中庭复杂的空间安排给这种设计提供了可能。建筑中间的开放空间的剖面是很简单和笔直的，但是从另外一边的剖面却是参差不齐，而且呈锯齿状的。结果就形成了空间的瀑布：一个相对狭窄的空中心从上至下穿过，中间还有一些像小溪一样的小空间。

四个部分跟空中心相连，每一个都包括三层大楼和公共区域。这种设计可以让人流自由流动，从一层的中庭到顶层的阳台。公共区域和中庭都能提供光线，能看见中央区域和外部的景色。公共区域可以围成一圈，中心区域可以找到方位，可以上下通行，可以了解商场情况，是整个商场最吸引人的地方。

自动扶梯可以帮助顾客浏览到整个商场，中庭两边都有自动扶梯，空中心旁边有一个观光梯，东西翼都有自动扶梯。

屋顶

屋顶灯光扮演着重要的角色。枝形吊灯就像宫殿的大吊灯一样吸引人往上看，让人觉得整个大楼更加高大、明亮、宽敞。设计理念的基础是每层楼都分成两个部分——面向空中心的公共区域和延伸到商店区域的外围区域。在这些区域中，屋顶交错出现平行的线形狭缝照明灯和技术狭缝照明灯。距离空中心越近，灯光条纹就越宽，灯光区域随着天花板外延的曲线而改变，更加让人感受到空中心的灵动有致。空中心、屋顶和栏杆成为大楼明亮的中心。

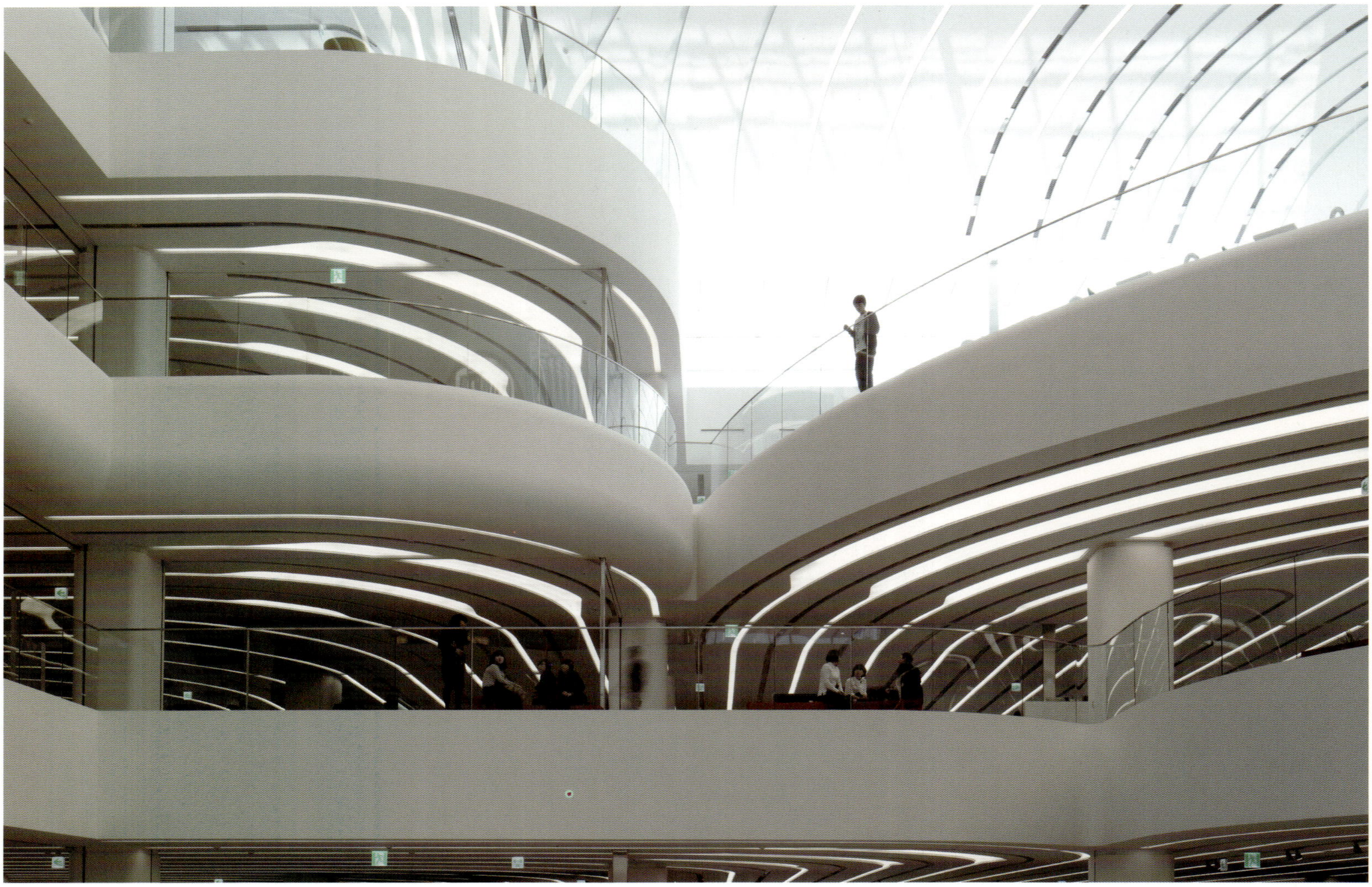

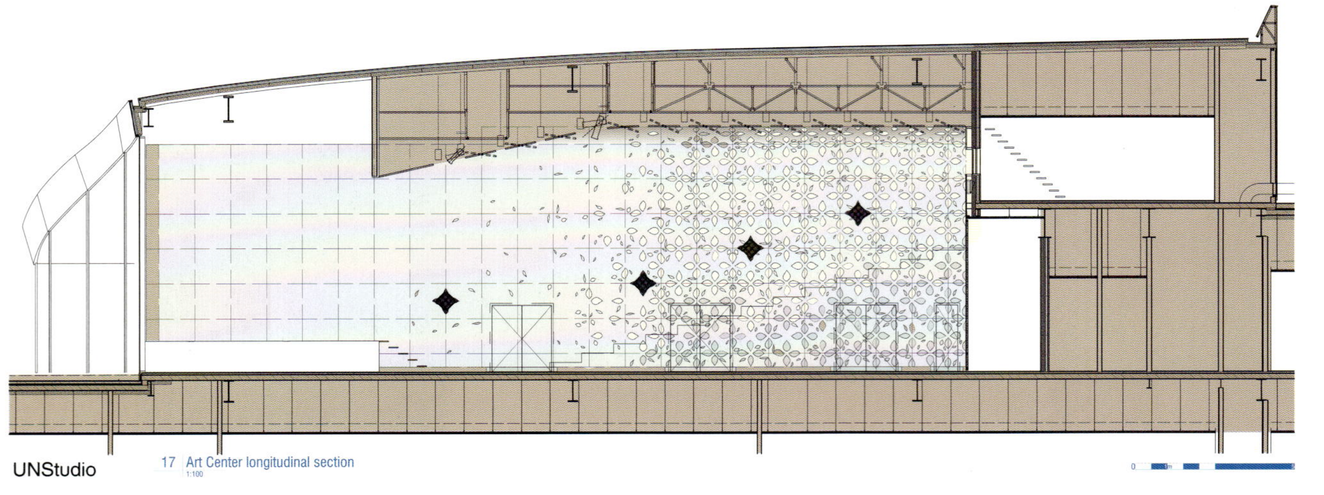

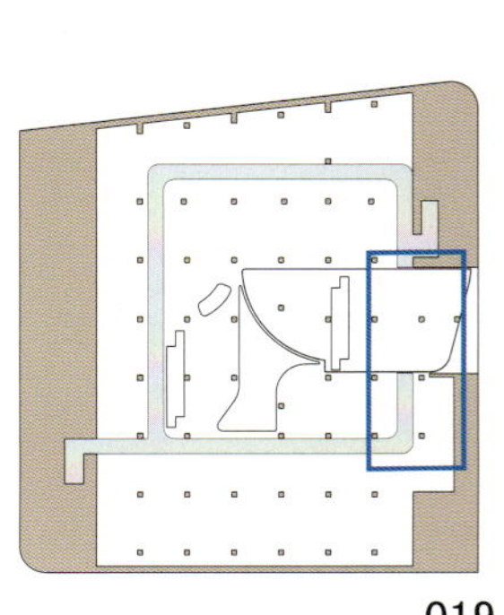

17 Art Center longitudinal section
1:100

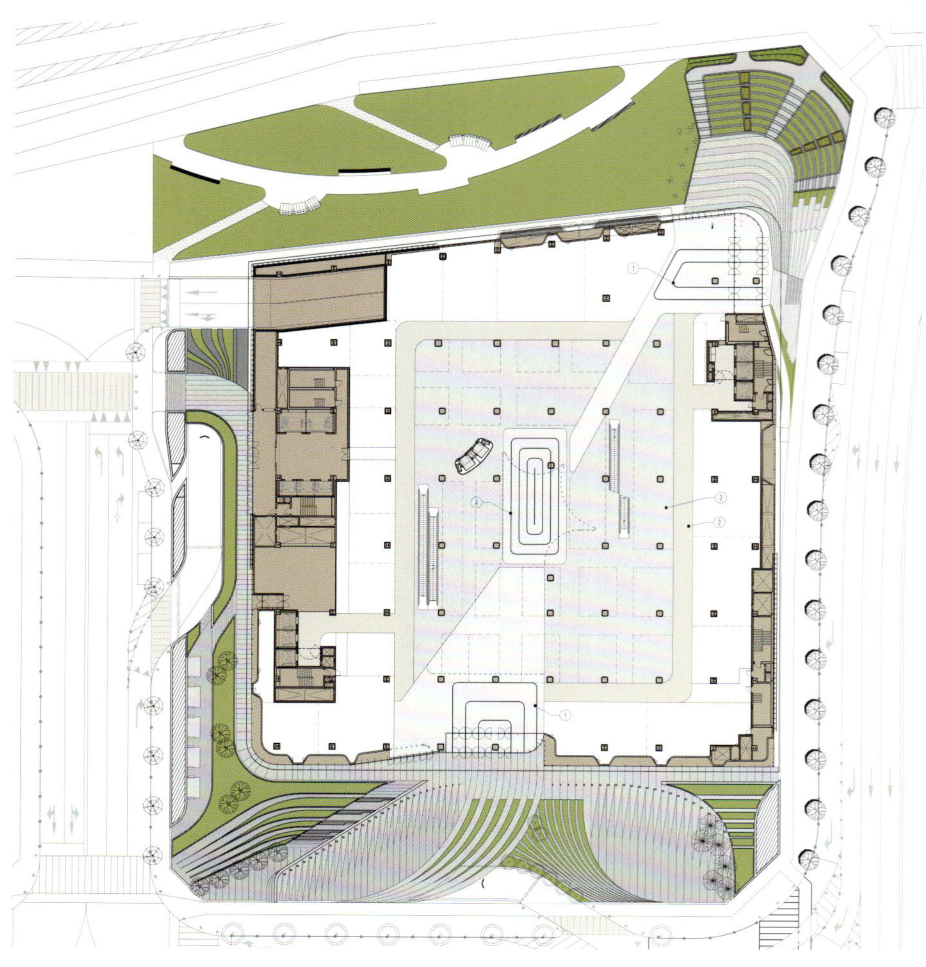

1st floor plan

1st floor reflected ceiling plan

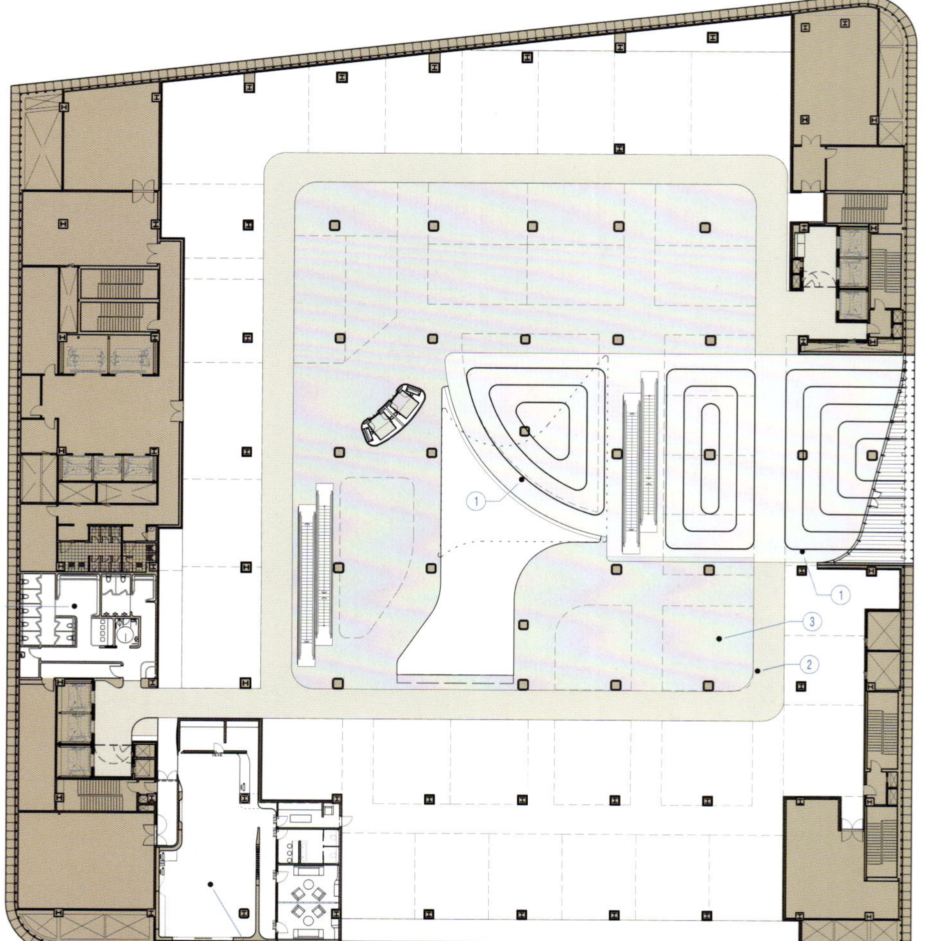

3rd floor plan

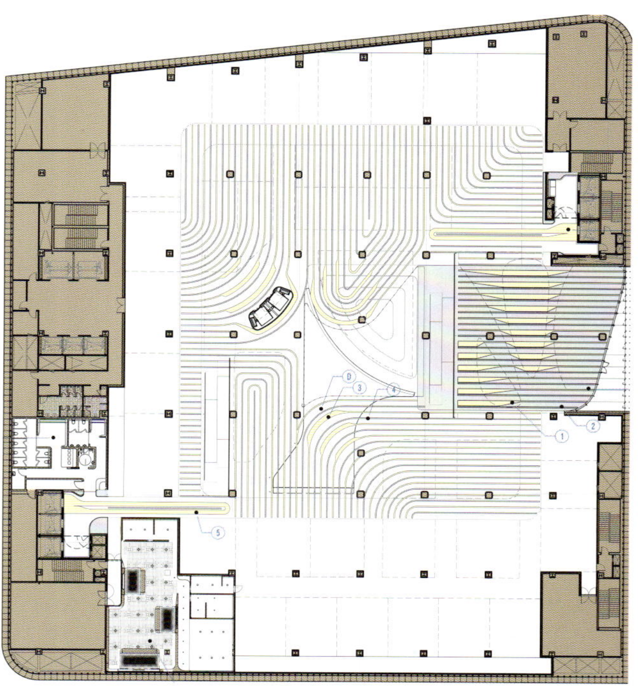

3rd floor reflected ceiling plan

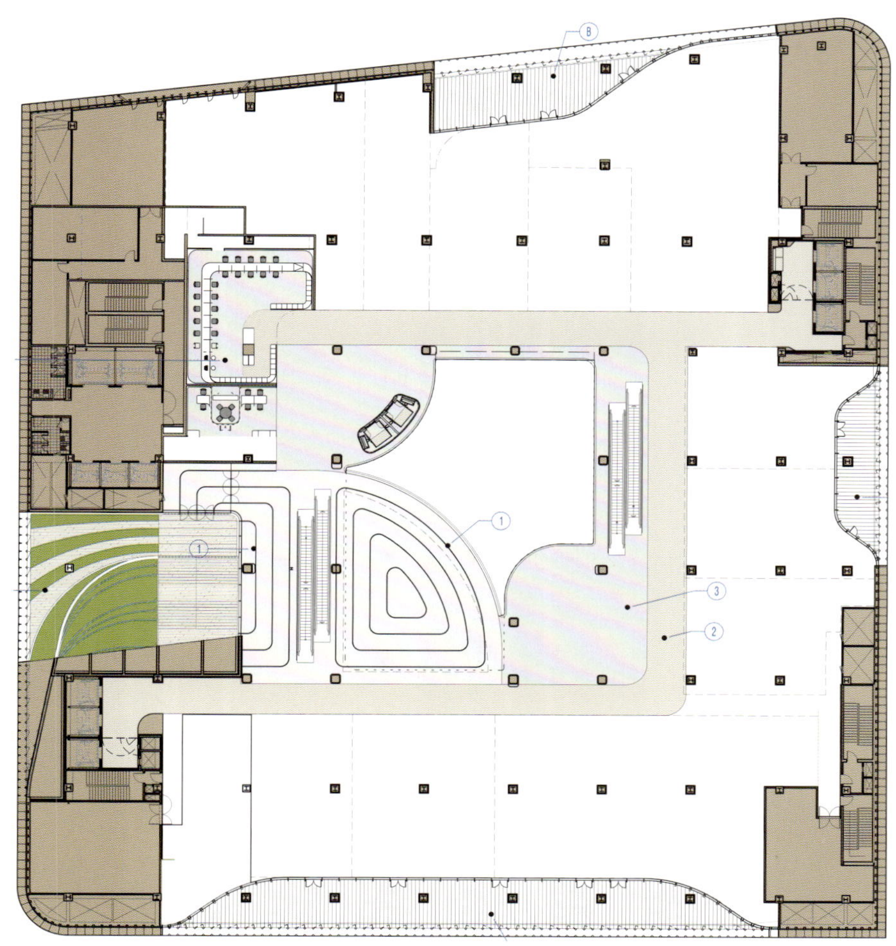

8th floor plan

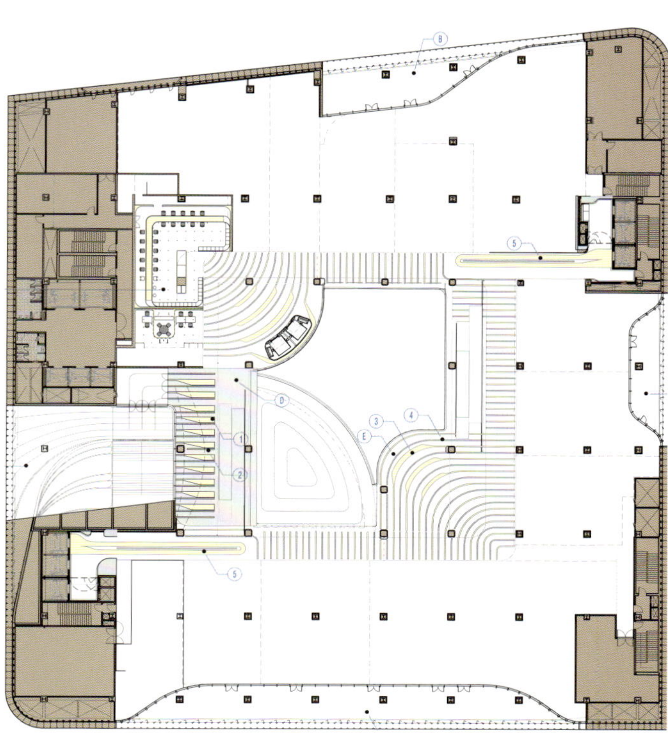

8th floor reflectded ceiling plan

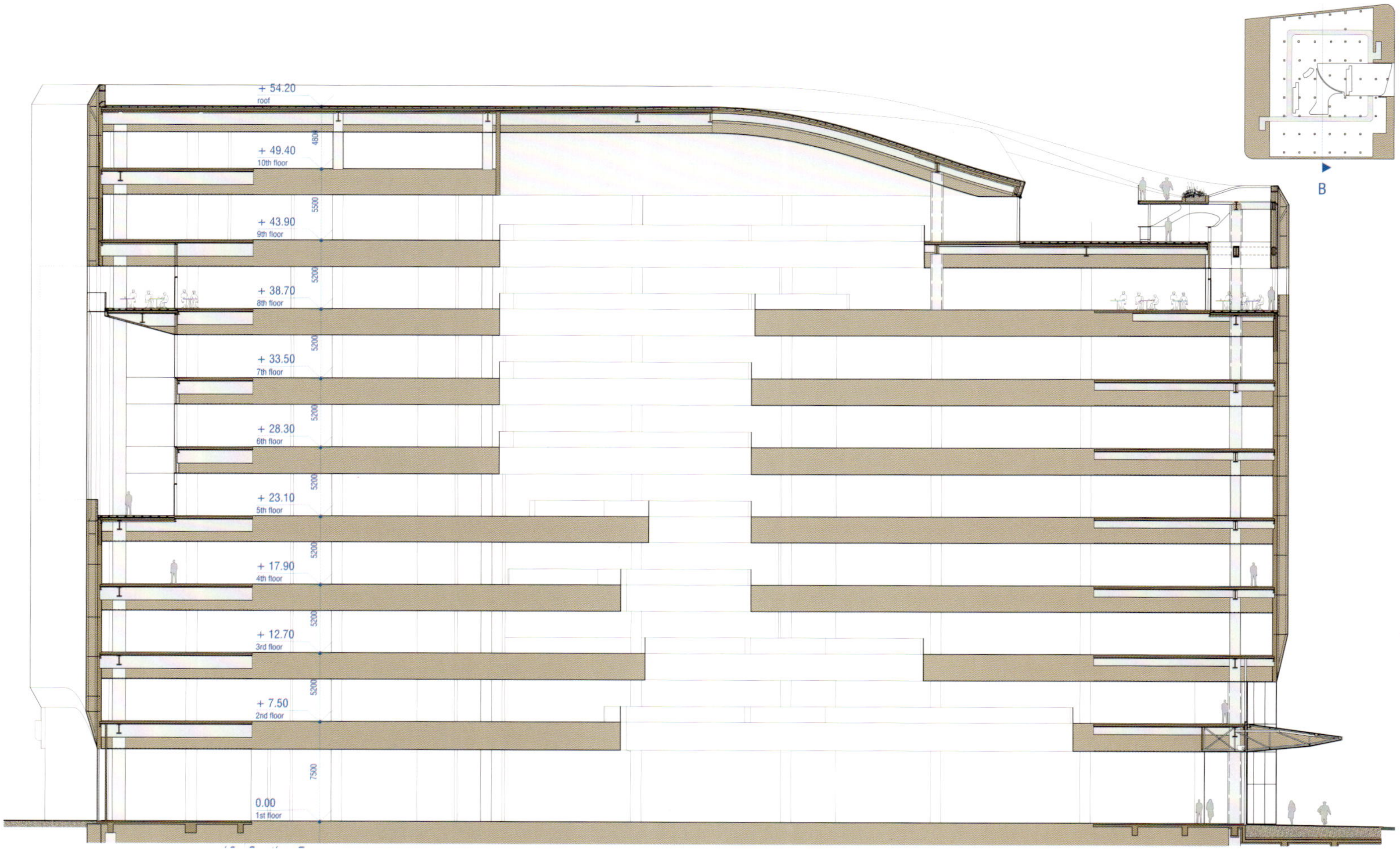

Section B

中国杭州万象城

项目信息

项目名称：杭州万象城　业主：华润新鸿基地产　地点 ：中国杭州市　建筑设计：凯里森建筑事务所　规模：520 130平方米

一期:150 000平方米商业/100 000平方米住宅　二期及三期:90 000平方米公寓/170 000平方米办公/30 000平方米酒店

杭州万象城位于钱塘江以北两个街区，杭州新中心商业区的东部，是一个占地55万平方米的综合开发项目，而钱塘江则是整个新城市中心大型规划的主要文脉。凯里森将一个15万平方米的商业及娱乐中心作为“万象城”项目设计规划的中心焦点，同时包括高档住宅楼、酒店式公寓/SOHO、五星级酒店和甲级办公楼建筑组合体。与正在建设中的地铁线相连，结合购物、生活和工作设施，集多元化及便捷性于一体，并与中国最多姿多彩的城市自然美景相呼应，杭州万象城注定将成为一个充满活力的都市目的地。

凯里森简介

凯里森作为全球化的建筑事务所在世界各地提供专业化的设计服务，包括城市规划设计、商业综合体设计、商业零售设计、办公楼设计、酒店和度假设施设计、住宅设计以及医疗保健规划。作为总部设立在美国的全球规模最大的设计公司之一，凯里森拥有超过800名的专业设计人才，办公地点分布在西雅图、纽约、洛杉矶、达拉斯、斯科茨、伦敦、北京、上海、迪拜及墨西哥城。凯里森作为全球财富500强和国际性行业领袖，创造了众多场所，其专业设计是这些企业实现目标和扩大市场份额的重要驱动力。

凯里森自1989年开始参与中国的项目设计，并于2004年设立上海分公司。20多年来，凯里森完成的项目遍布全国35个城市。营造出诸多地标性作品，其中包括：上海的港汇广场、悦达889和绿地滨江CBD项目以及位于杭州和成都的万象城。

2010年9月，凯里森与北京行业翘楚环洋世纪国际建筑顾问有限公司实现合资，成立凯里森（中国）。新的合资体拥有近300名成员组成的设计团队，同时得到来自美国凯里森总部专注于中国项目的设计大师和专家的鼎力支持，具备全方位的建筑及商业零售设计服务能力，以满足经济发展速度居全球之首的中国市场的需求。

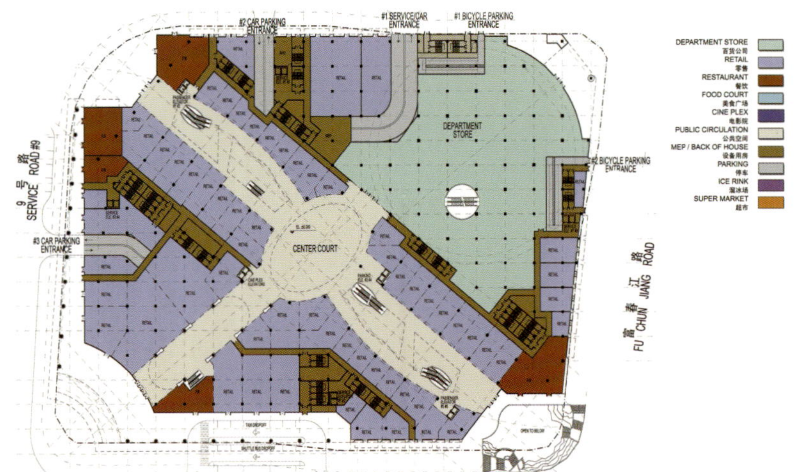

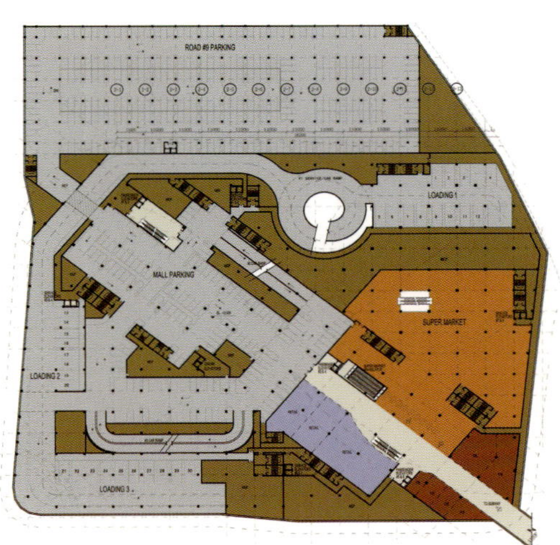

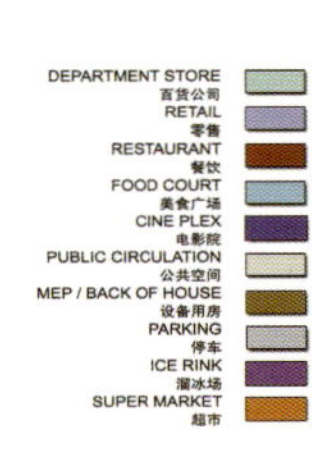

the mixc mall
萬象城
Ermenegildo Zegna
OPENING SOON
STARBUCKS COFFEE

杭州万象城的设计语汇源于“气”的意念，钱塘江便是其“能量”和“生命力”的源泉，它穿过项目，缓缓地流至东北方，直至二期两幢塔楼的组合。设计含蓄内敛却又和谐地描述着能量的流动，比如波浪式的立面、错落的平台、迂回的铺地图案、自然植物、屋顶花园等，这与流线型及直线立面所代表的“都市和现代”形成了鲜明对照。每一个结构立面都清晰地表达了这两性化的概念，包括材料、颜色、质感和图案的选择，从古朴的中国石材至不锈钢铁丝网面，从拉索玻璃幕墙至郁郁葱葱花园的排列。这一概念最终延续至两幢标志性塔楼之间的多层空间，体现了一种宁静与平和。

商业及娱乐中心除约6万平方米的零售店、“次主力”专卖店、街面商铺外，还包含一个3万平方米的四层泰国尚泰百货公司，一家12厅、拥有IMAX巨幕的香港百老汇电影城，一个奥运会标准的“缤纷万象”真冰溜冰场和数个大型餐饮及大时代美食广场。地下一、二层包括一个精品超市，一个次主力店，一些小型零售店和餐厅，斜向穿过购物中心和办公楼/酒店建筑组合体并连接地铁站。购物中心主入口朝向西北角，打开了通往市政厅的道路。圆形剧场、水景和绿化共同烘托出一个宏大的表演广场，这个大型入口部分被上方悬挑出来的半球面双层电子媒体墙所遮盖。沿江锦路布置了一个下客区，地下停车场和后勤服务层一共有1 330个停车位，也布置了三个清晰的汽车入口。

购物中心在项目的阶段性开发中扮演了催化剂的角色，在两个主要交通节点和地铁站之间通过一个流线型的五层中庭为轴线引导了主要人流，而六层的椭圆形中庭则展示着其名副其实的“核心”地位。中庭内的快速扶梯将人流输送至商业重点区域和娱乐主力店。圆形中庭连接着两个主要走廊，沿途一侧蜿蜒曲折，层叠错落，而一面如“悬岩”般的垂直“墙”界定了“都市”边缘。香港百老汇电影城位于三到五层，五层的阶梯座位和美食广场则可俯瞰四层的真冰溜冰场。圆顶场所和中庭空间以显著的体量及天窗系统为主要特征，从通透的“开放式圆顶”、“灯笼”到“拱廊”，在这个有如博物馆的环境之中，每一处建筑设计都为“参观者”提供了视觉的“索引”。六层屋顶室外花园包含三个餐厅，在此可饱览钱塘江美景，观赏每年钱江潮的壮丽景象。

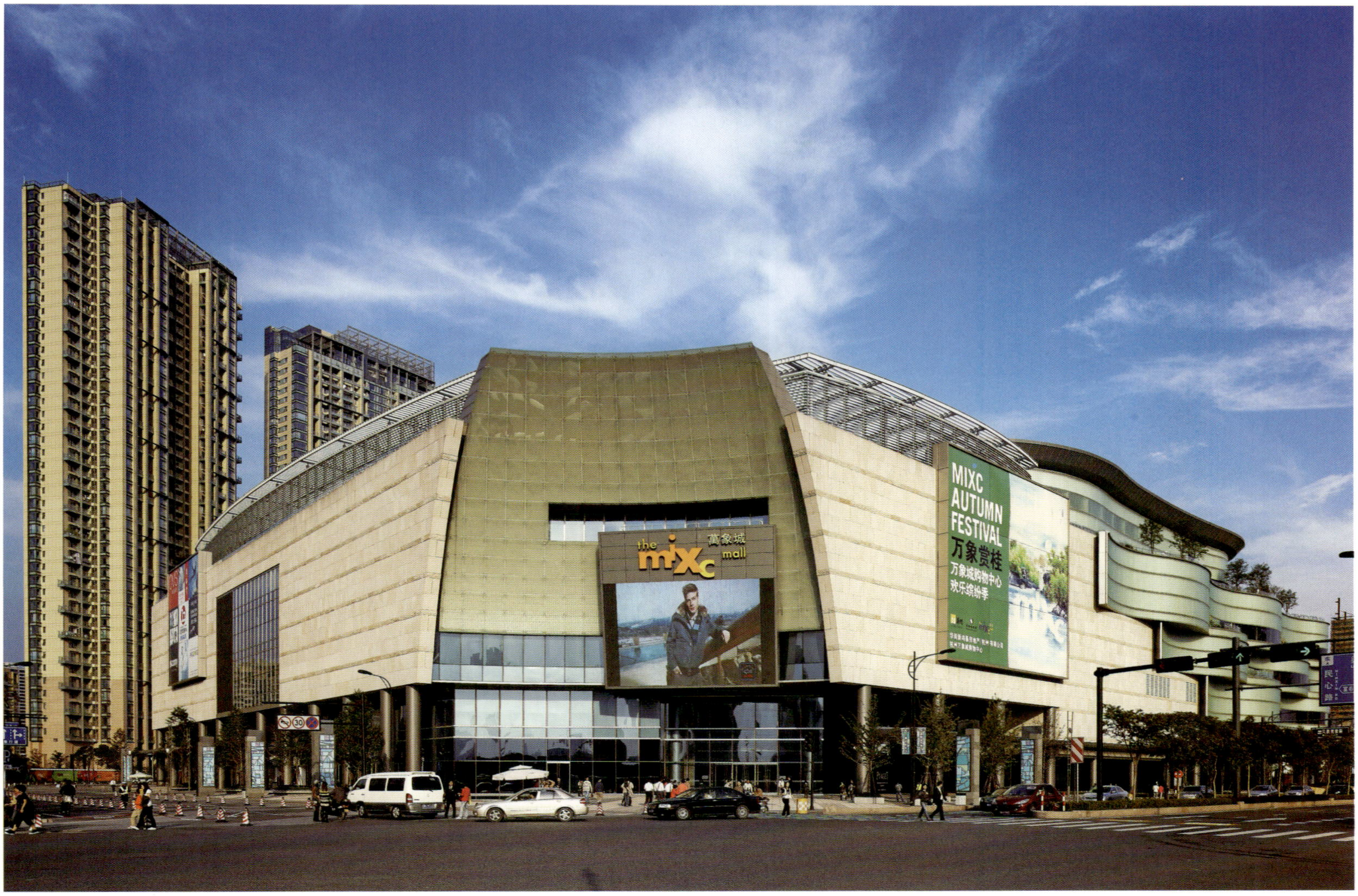
the mixc 萬象城 mall
MIXC AUTUMN FESTIVAL
万象赏桂
万象城购物中心
欢乐缤纷季

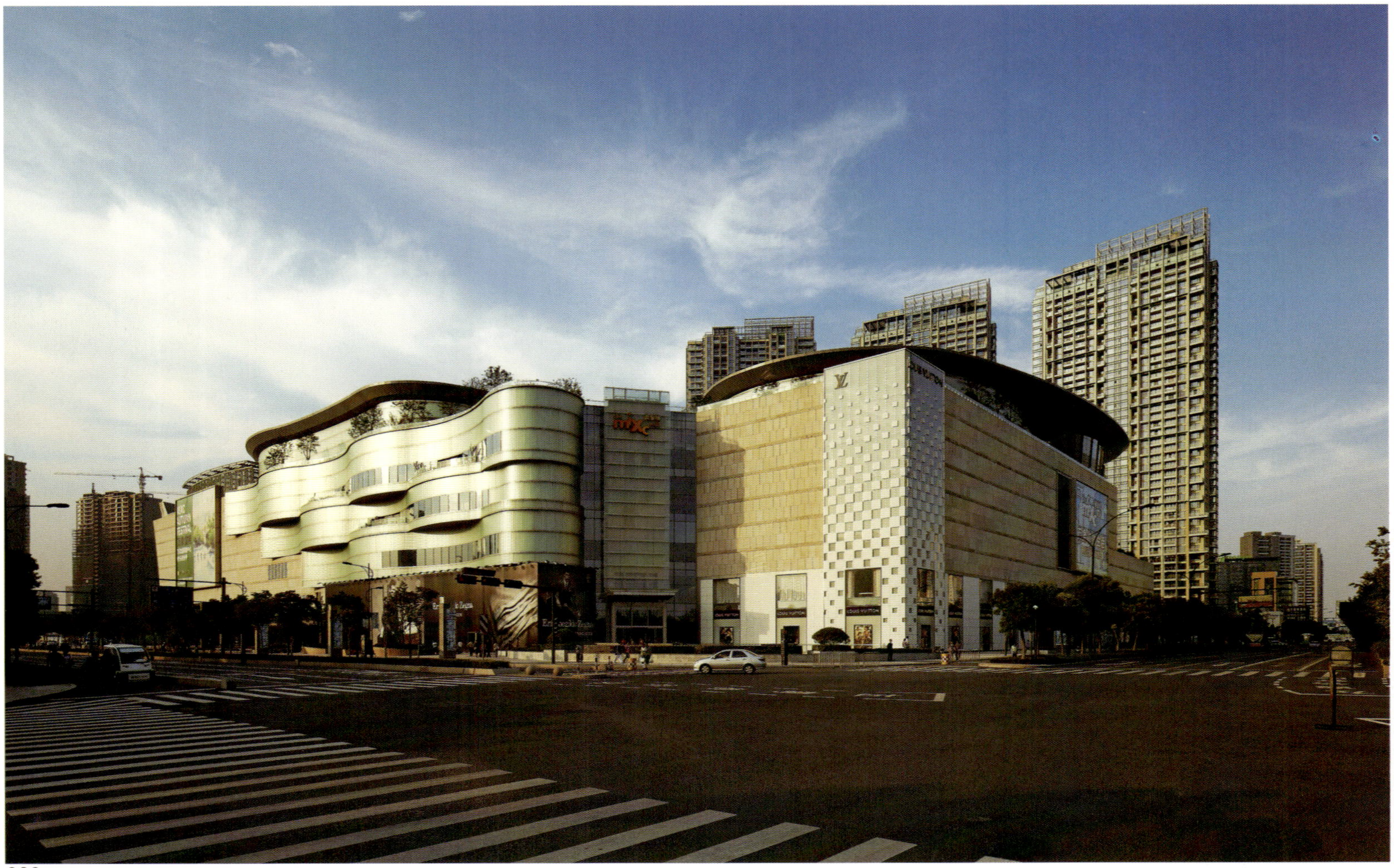

食广场
大食代
foodrepublic
大食代美食广场
foodrepublic

有别于传统的百货店，万象城的商业业态种类十分丰富，整体规划为40％的购物、20％的餐饮、20％的休闲娱乐，余下的20％则与生活方式相关，囊括了500多家品牌和30多家餐饮企业，拥有杭州首个大面积的真冰溜冰场。凯里森赋予了项目快捷的内外部交通规划，楼层分布穿插的多样业态，新鲜的都市化购物体验，吸引了各个年龄层顾客络绎前往，万象城已成为杭州炙手可热的流行标杆。

杭州万象城项目，整体着重于交通模式、景观、照明、图案及标识设计，以深厚的历史文化为背景，同时蕴涵着现代都市的和谐感与蓬勃朝气。在历史悠久的杭州城市发展进程中，这座集购物、旅游、生活和办公于一身的动感综合体，将为居民和游客提供一次在全新中心商业区内定义城市地标的非凡旅程。

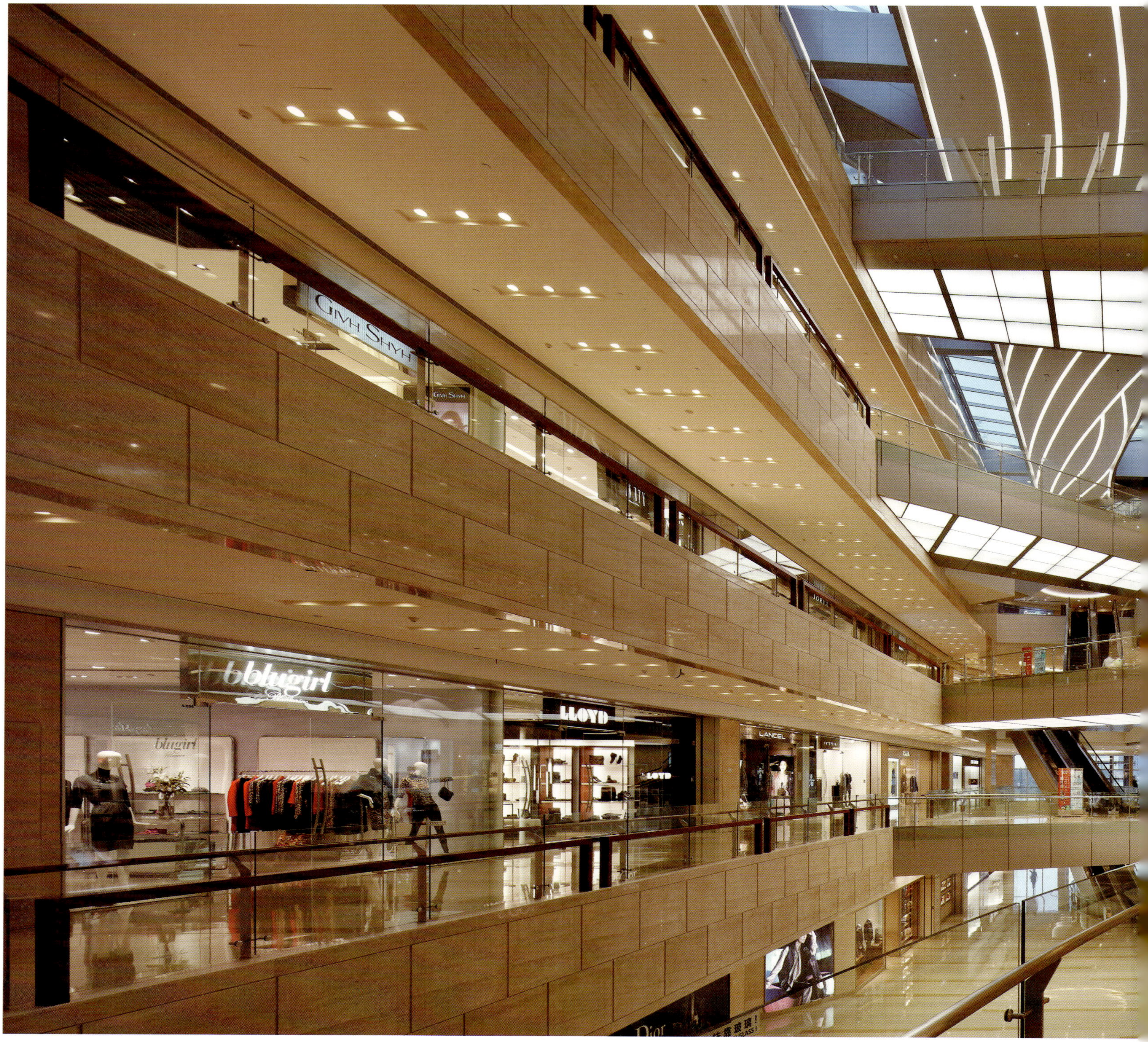
GIVH SHYH
bblugirl
blugirl
LLOYD
LANCEL
Dior

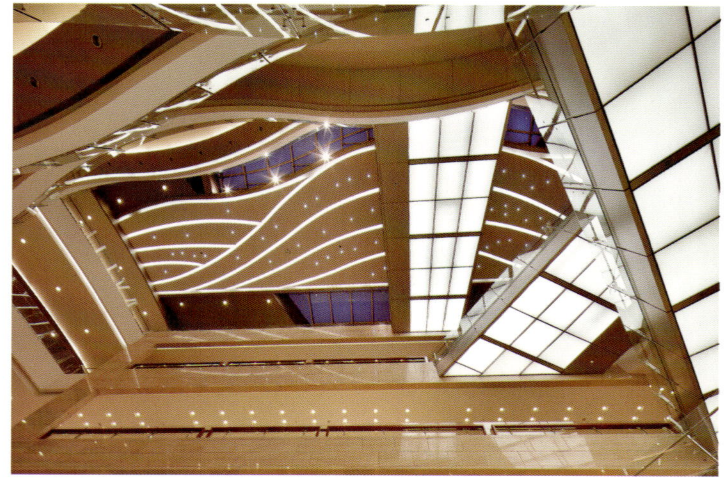

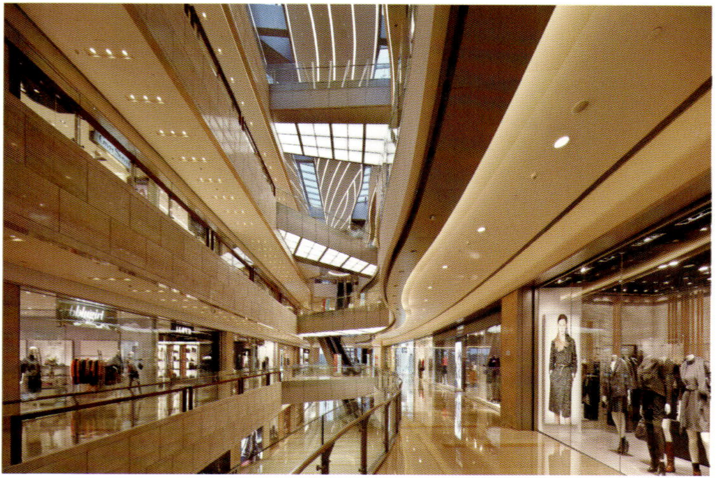

ESCADA
SPORT

项目名称：绿地卢湾滨江CBD
开 发 商：绿地集团
设计公司：美国凯里森建筑事务所
占地面积：54 371.1平方米
建筑面积：288 458.6平方米
编　　辑：汪灵
摄 影 师：王美德

上海绿地卢湾滨江CBD

项目综述

绿地卢湾滨江CBD项目是一个集商业、办公、金融、酒店及住宅于一体的新型建筑综合体。它位于上海卢湾区137A-1、137A-2、137A-3、137A-4地块内，南至南浦路，北至龙华东路，东至打浦路，西至开平路。

137A号地块总用地面积共54 371.7平方米，共由四个地块组成。总体布局中，地块137A-1位于街坊西部，地块面积27 677.8平方米，为商业金融、商务办公用地；地块137A-2位于街坊东北角，地块面积8 718.6平方米，为商业金融用地；地块137A-3位于街坊东侧中部，地块面积9 293.9平方米，为高层住宅用地；地块137A-4位于街坊东南角，地块面积8 681.4平方米，为商业金融用地。

基地的西南角有一块较完整的区域，作为整个酒店的停车区域。停车场南部被巧妙地设计成一组景观序列，与入口广场完美地结合在一起。考虑到酒店在城市中的对外形象以及对外交通和迎宾的需要，酒店的主入口迎向入口广场，内部交通形成独立的环路，顾客通过入口广场直接进入酒店的大堂。后勤服务的车流和酒店食品、用品、垃圾运进运出等路线则通过地下的服务车道来解决。

建筑形体意向与构思特点

本案结合当地特色，在周边地域尚未开发成熟的情况下，努力保持一种前瞻性和自我完善性，运用营造城市肌理的理念，以玻璃幕墙与金属幕墙的对比为音符，勾勒出现代建筑的特有韵律。在满足经济性的前提下，将建筑的美观与时代感最大化地呈现出来。

景观和建筑布置将自然和人文环境完美融合，创造了无与伦比的购物、工作和生活环境，营造了最新和最卓越的“城中之城”。

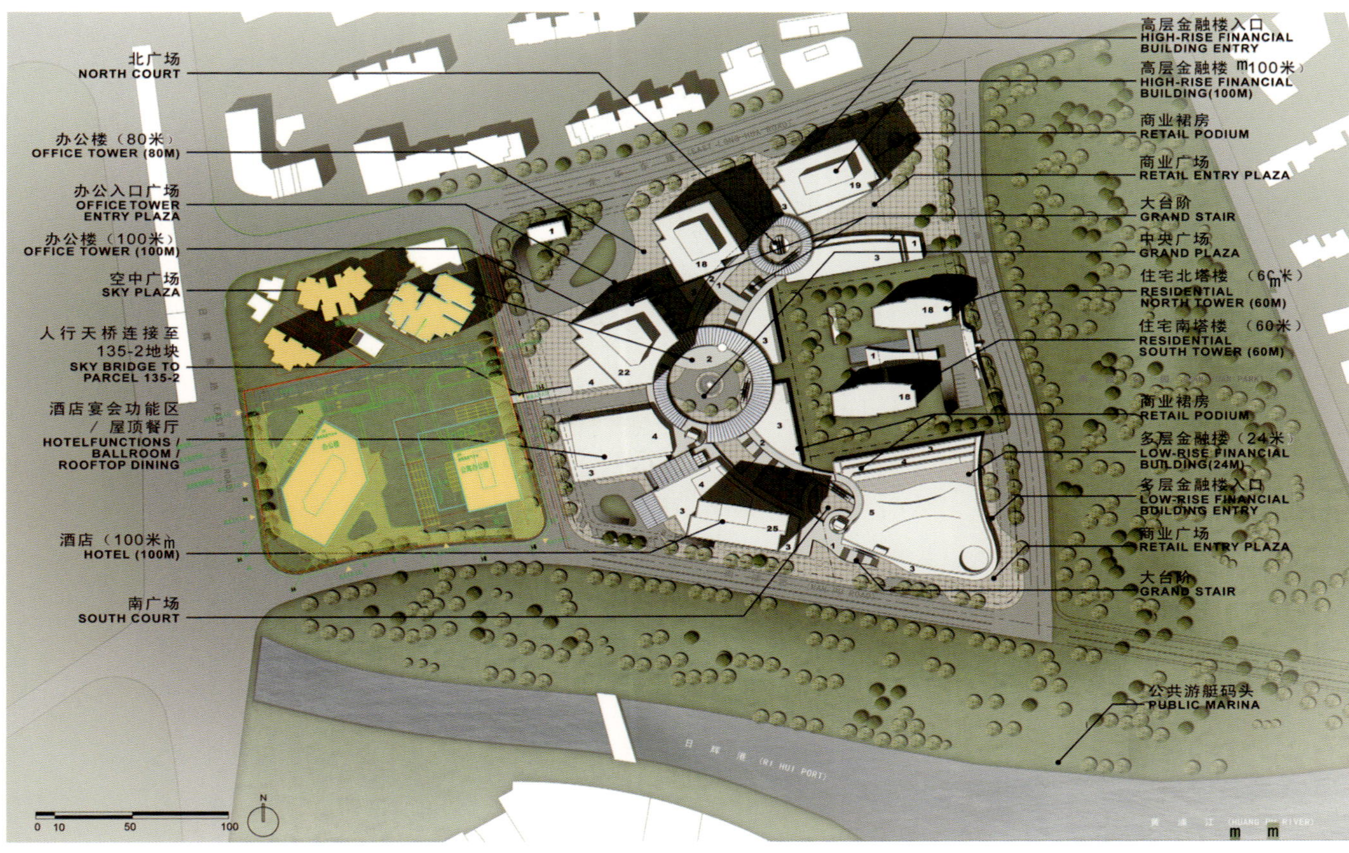

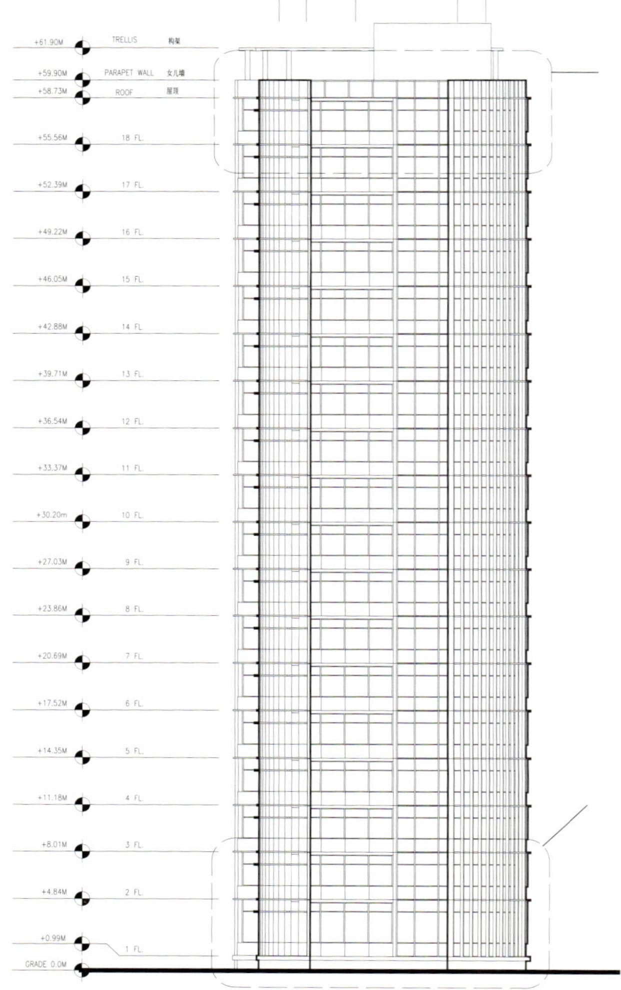

区域、地理地貌

这个上海最新的商业综合体项目位于上海卢湾区南端，东临南园公园，南邻绿地及黄浦江，西接现有建筑保留用地，北侧则与现有的住宅隔路相望。它毗邻世博会、江景及市中心成熟社区，承接陆家嘴金融商务区和外滩顶级高尚消费区，开启规划中的浦江两岸黄金走廊，必将成为中心城区中不可多得的商业中心。通过创造一个开放并具有吸引力的综合体，结合室内外的步行街，打造一个卓越不凡的高层次都市体验地，为黄浦江畔及卢湾区新添一道美丽的地标景致。

总体布局

总体布局中，四幢各具特色的高层建筑拔地而起，与三层高的商业裙房横向联合在一起，形成一个室内外交融一体的大型购物、办

公、休闲中心。建筑空间组合错落有致，高低起伏，丰富了整个城市空间，突显出现代都市新的中心地位。

一幢99.9米高、一幢79.2米高的甲级写字楼及一幢85.2米高的商业金融用房位于基地的北侧。三栋塔楼均设有独立的出入口，供自由出入于商业组群，独立而不孤立。五星级酒店依江面水，在布局上充分地利用了浦江自然景色及世博区域景观。酒店拥有单独出入口，同时也留有住客进入商城的内部通道，尊贵而不失便利。

总体布局的特点是功能分区明确，主楼、裙房高低错落，形成了一个丰富的综合空间，并与周围环境协调，很好地平衡了建筑功能和审美的关系；通过处理主楼的位置和高度及与裙房的相互配合关系，对城市景观的应景和呼应做了充分的交代。

卓越不凡的高层次都市体验地

商业裙房

形态各异的广场，延伸缜密的城市肌理，以蜿蜒的室内外街廊将各区块连接得天衣无缝，迎合高端而时尚的客户。开放式的商业街最符合现代人群的消费理念和品位，给整个区域带来充足的人气。广场上别致的弧形玻璃天棚折射出日光与天际线，这个装置将为人流注入活力，并成为各类表演、音乐会、艺术展示和节庆活动的首选之地，既可作为时装表演、音乐、艺术展销、节庆的舞台，同时也是朋友小聚饮茶、喝咖啡的惬意佳处。与步行街相连的特色大台阶各居两端，不留痕迹地衔接了垂直和水平方向的客流，同时又将各层与入口广场紧密串联。入口在喷泉的掩映之下具备独特的景观风貌，并与毗邻的南园公园珠联璧合。南侧天桥则将顾客们从购物中心周围牵引到餐厅露台上来，尽享浦江胜景。

大型地下商业设置在地下一层，由三台自动扶梯连接地上广场及地下车库，出入方便，与高档购物区互不干扰。

办公楼

两幢办公塔楼坐落于基地的西北角，幢距开阔，绝佳的地理位置将稀有的水景、外滩风光尽收眼底。有内涵的建筑才能成为城市的经典，因此在设计时尤其注重了办公塔楼的细节和文脉，使其在浮华世界中脱颖而出，更点亮独特的城市景观。塔楼形体犹如江边鼓起的两叶风帆，在水天交接处熠熠生辉，为黄浦江增添了一道新的风景。

根据外滩南延伸段的发展规划和战略思路以及得天独厚的地理优势，本案必将成为现代服务业高端投资经营的功能载体，成为上海建设国际金融、经济、贸易、航运等中心的核心功能区。

玻璃幕墙设计

建筑外墙采用世界级标准，单元式幕墙技术将确保建筑的美观、耐用和节能。透明玻璃、彩色烤漆玻璃以及金属板将营造一个轻质、高技的建筑表皮，反映了现代的建筑审美观。

本设计中采用的幕墙玻璃反射比＜0.30，透光折减系数＞0.20，满足国家规范规定的玻璃幕墙不产生有害光的要求，因此本工程避免了光环境的污染，建筑对城市环境不会产生有害影响。

幕墙玻璃选用中空低辐射镀膜玻璃，并在楼层处采用非透明幕墙。满足传热系数值K不大于3.0，遮阳系数Sc值不大于0.5的要求。

宾至如归的舒适情调

酒店建筑单体设计

主体建筑外形设计精练挺拔，高雅大方。建筑整体造型简洁而不简单，沉稳而不浮夸；细节上精雕细琢，石墙、玻璃与金属的组合灵气十足，共同表述了传统，洋溢着时尚，折射出南外滩建筑的文化底蕴。根据地形和建筑功能要求，酒店平面呈板式，在南面顺应基地向西转折，为丰富平面与立面添色不少，更取得了迎向江景的最大展开面。

酒店的一层到四层主要用于大堂和餐饮，五层及五层以上为客房。通过分区和分层手法，把住宿、餐饮、会议、商务、服务、后勤、健身等功能有机地植入建筑中，功能流线清晰明确，各出入口位置适宜得体，互不干扰，体现出尊贵的品位和人性化的服务细节。酒店功能齐全，分区清晰，流畅有条理。大堂的设计以突出酒店的气势为己任，在空间上大胆突破，空灵纯净的大空间，给流连于其中的客人带来心灵的震撼，齐全的功能更营造出宾至如归的舒适情调，与五星级酒店的国际品牌相得益彰。

客房标准层平面采用内走廊的形式，加之酒店的立面是玻璃幕墙，使得各个房间都能充分与自然风光亲密接触，给入住此酒店的顾客以全新、高档次的享受。

规划设计宗旨

（1）确定“以人为本”的可持续性发展的规划设计指导思想，处处考虑居民的居住生活特点及要求，合理控制住宅与商业功能之间的共生关系，具有一定的前瞻性。

（2）强调小区内绿化景观的合理组织与精心布局，合理营造单体和总体环境层次。

（3）在“绿色和环保”成为世界性潮流的今天，通过对总体布局和建筑单体的技术处理，使整个小区建筑和居民对自然界的阳光、风、绿化、水面等具备更强的亲和力，创造一个优美、时尚的都市生活范本。

（4）人车分流，地面主要设置步行系统。车流直接进入地下车库，不影响地面人流。

（5）合理布局、精心设计，注重提高土地的利用效率和得房率以及结构体系的合理性，在保证环境及居住质量优异的前提下，获得最大程度的经济性。

绿色、环保、以人为本

绿地海珀·日晖工程概况

绿地海珀·日晖位于上海卢湾区137A-3地块内，南至南浦路，北至龙华东路，东至打浦路，西至开平路。

项目由两座18层高的住宅塔楼构成。北楼由36户330平方米左右的户型组成；南楼由36户220～440平方米的户型组成。入口大堂坐落于两个塔楼之间，是一个包含了主入口大堂、休息区和门卫服务区的玻璃盒子。一部纪念性的楼梯将大堂和地下康乐设施层联结起来。康乐设施包括了一个天窗采光的标准尺寸的室内游泳池，设施齐备的健身房、桑拿室、蒸气浴室和男女独立休息室。

立面造型风格

（1）为营造良好的人居环境，在保证总体设计优异的前提下，确保高品质的房型，竭力为居民营造一个从户外到室内均十分优异的居住环境。

（2）重视建筑的外立面设计，依靠建筑形体的变化和色彩配置，创造出独特的视觉效果。

（3）本设计的立面造型设计中，建筑师力图把握时代的潮流，创意地运用现代建筑和超前艺术的风格语言，树立一种全新的、赋有生命力的和创造性的建筑形象。

户型特点

（1）引进超前的居家设计理念和营造理念，新材料、新工艺、新技术元素的加入力求创造出优秀的建筑物理环境和生活空间。

（2）最大限度地利用阳光。光是一切色彩、物象被感知的基本凭借手段，也是人生理、心理感受把握中最重要的设计因素。本设计中阳光作为一种人们喜闻乐见的环境资源被最大限度地利用。利用底窗台大玻璃窗、内加防护栏杆，起居室至阳台为落地玻璃门，保证了良好的日照采光及优美的景观视野。

（3）每户进户设适度的过渡空间，结合地下车库及下沉式采光绿化天井，形成立体的双层进户空间，提升了住宅的舒适性。

（4）所有的房间保证了足够的窗地比。

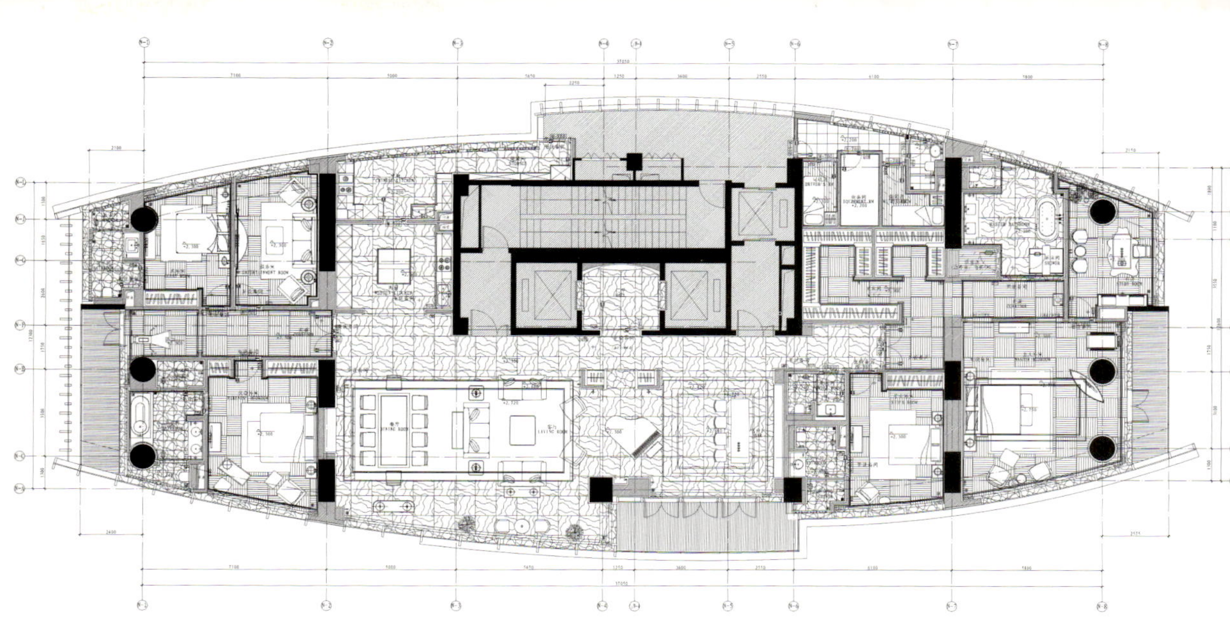

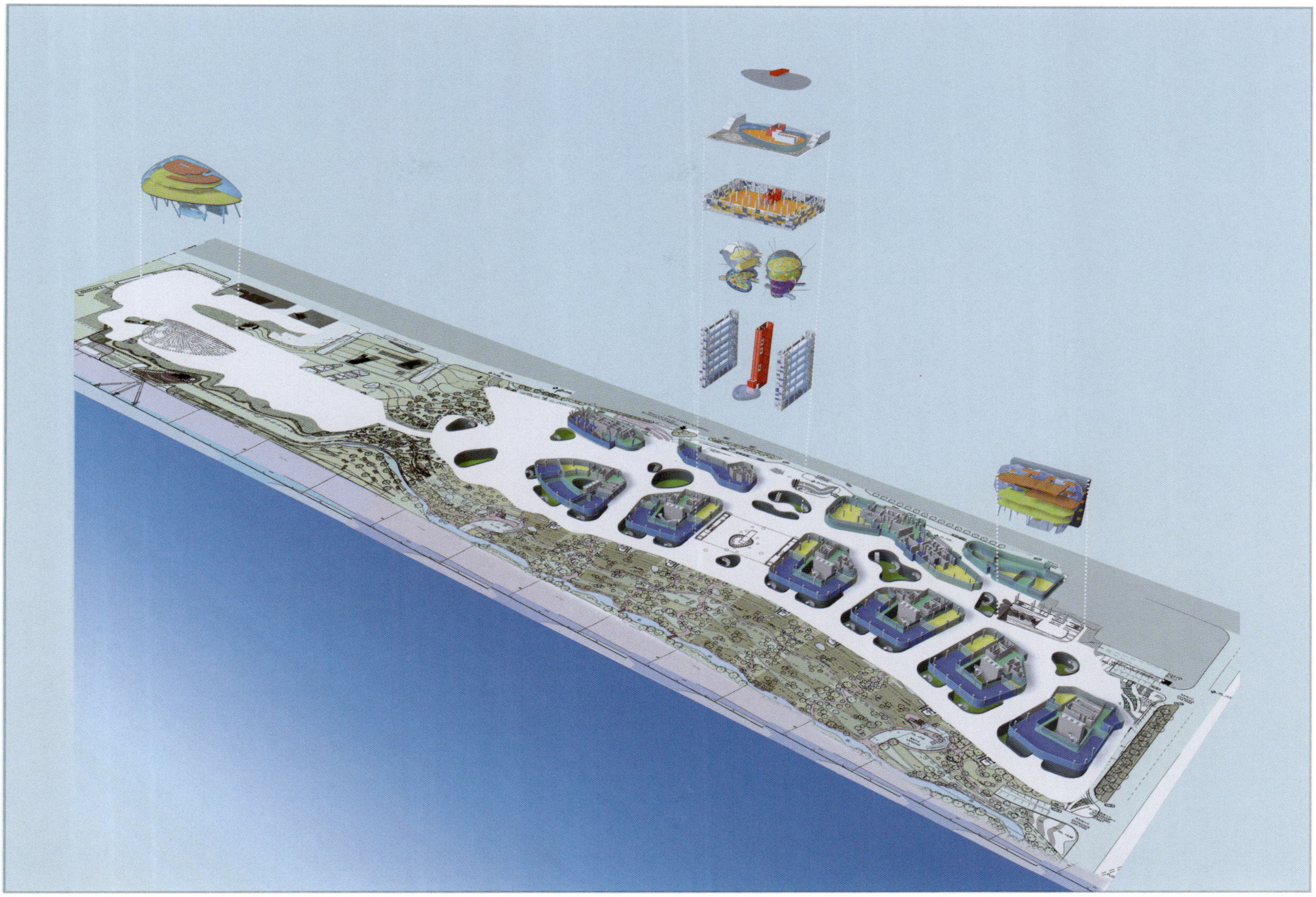

上海港国际客运中心

SPARCH设计的“上海水晶宫”闪耀上海滩

“上海水晶宫”——上海港国际客运中心
26万平方米超大型商业开发项目的点睛之作

上海，这座被誉为“东方明珠”的魅力城市，将于其璀璨珠冠上再添一串令人炫目的宝石。这群林立于黄浦江边造型飞扬、极具现代感的建筑群，是上海国际港客运中心的商业项目，由SPARCH精心设计，于去2010年5月完成建设。

上海港国际客运中心商业项目位于北外滩，地理位置得天独厚，城市景观独一无二，可以同时欣赏到外滩上历史悠久的著名老建筑和黄浦江另一侧浦东造型各异的摩天楼。一期工程已于 2009 年 10 月上旬竣工。

北外滩黄浦江夜幕下“上海港国际客运中心”

上海港国际客运中心商业项目聚焦在一座40米高，被昵称为“上海水晶宫”的玻璃框架建筑物上，它俯瞰着整个外滩江景和其周边的水岸花园，其下的广场是各种聚会、派对以及公关活动的理想场所。从底下向上看去，钢索吊起的巨型水晶球体群构成奇特景观，内有空中咖啡厅、餐厅和酒吧等各种休闲场所，皆悬浮在七层高的钢架之下，构成令人炫目的立体建筑雕塑。这创新“悬索”理念的作品，在全球首次面世，此设计巧妙地满足了上海市政府欲改善拥挤市区的愿望，为市民创造了更多的都市“呼吸空间”。

SPARCH 简介

SPARCH是一家荣获多项国际大奖、拥有丰富经验的国际性建筑设计事务所，共有4位董事：史蒂芬·平博理、杨克、约翰·库伦、斯文，分别在阿布扎比、北京、上海和新加坡开设事务所，25年来一直活跃于全球建筑设计领域，在城市规划、建筑设计、景观设计及室内设计各专业设计领域业绩卓著。

继2005年新加坡克拉克码头改造项目取得极大成功以来，SPARCH持续在亚洲各地建造多样化的标志性项目，并致力于为都市环境带来全新体验。SPARCH的主要建筑设计成就包括北京来福士广场、上海北外滩国际港务中心、阿联酋阿布扎比的住宅区规划及印度海德拉巴的规划设计。同时，SPARCH在新加坡、马来西亚及印尼亦有诸多振奋人心的在建项目。

SPARCH凭借非凡的创造性及丰富的设计经验而享誉国际，并多次在英国、加拿大、德国、中国及新加坡获得建筑设计奖项。

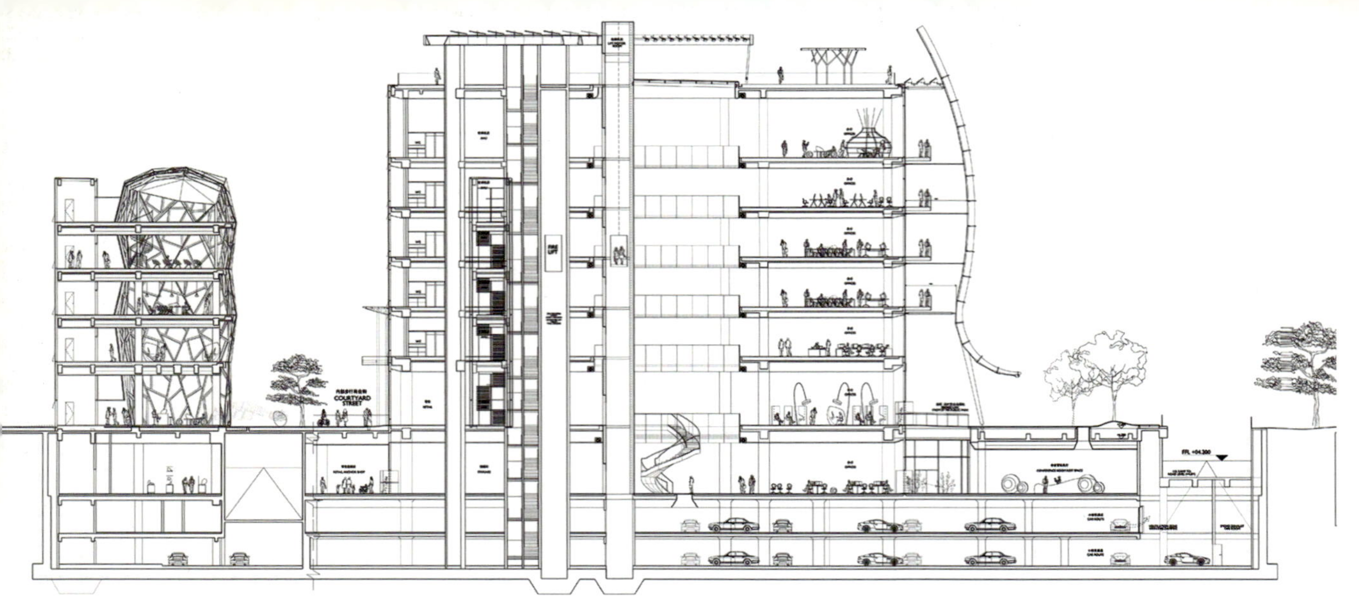

SPARCH上海事务所的设计总监约翰·库伦先生谈起本项目时说：“毋庸置疑，上海是中国经济高速发展的主要驱动力，上海也已成为世界瞩目的商业和文化中心，我们很荣幸能参与到上海港国际客运中心商业项目的规划和建筑设计中，在这个繁华的国际大都市为商务人士和观光客创造一处门户性高品质的建筑环境。”

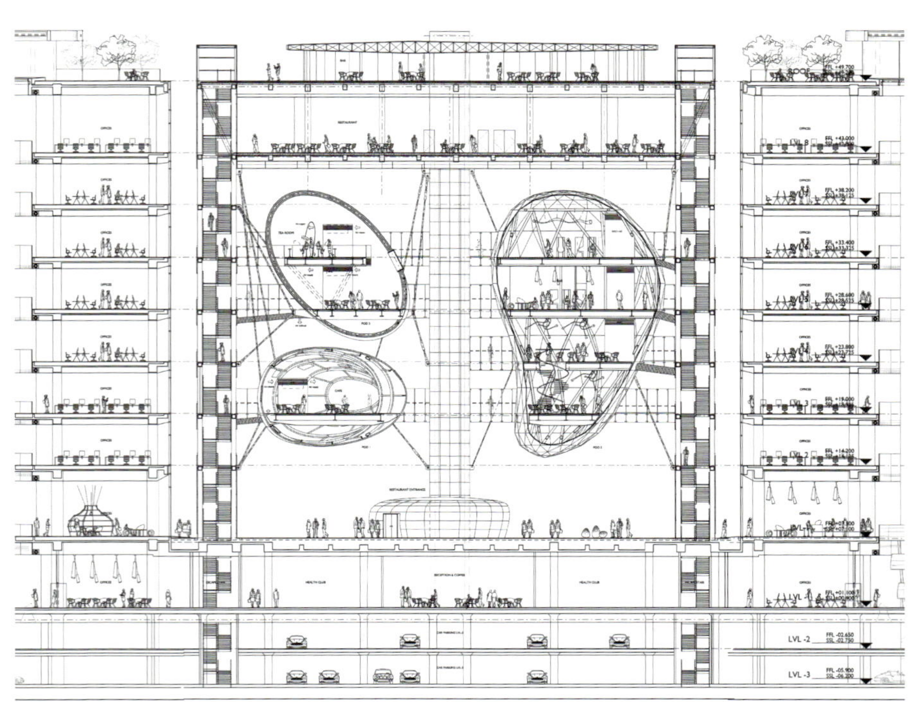
LVL -2
LVL -3

“上海水晶灯”是这个地块的画龙点睛之作，它40米高的门状玻璃结构围合出水边公园一个激动人心的舞台，在节庆狂欢时可同时聚集上千人。这个门状结构还配置了40米宽、30米高的屏幕，目的是为了在举办活动时投射数字影像。

大楼之间空隙处一个更引人入胜的巨大玻璃桌子结构婷婷而立，其下面由斜拉式钢索悬吊起三个不规则造型的吊舱悬浮在一个公共演出广场之上，像是一个巨型水晶吊灯。位于桌子下的各有一、二、四层的三个吊舱内布置有咖啡馆、酒吧和餐厅。SPARCH的设计和上海的多元娱乐需求融为一体，最终将这一奇幻的建筑设计变为现实。

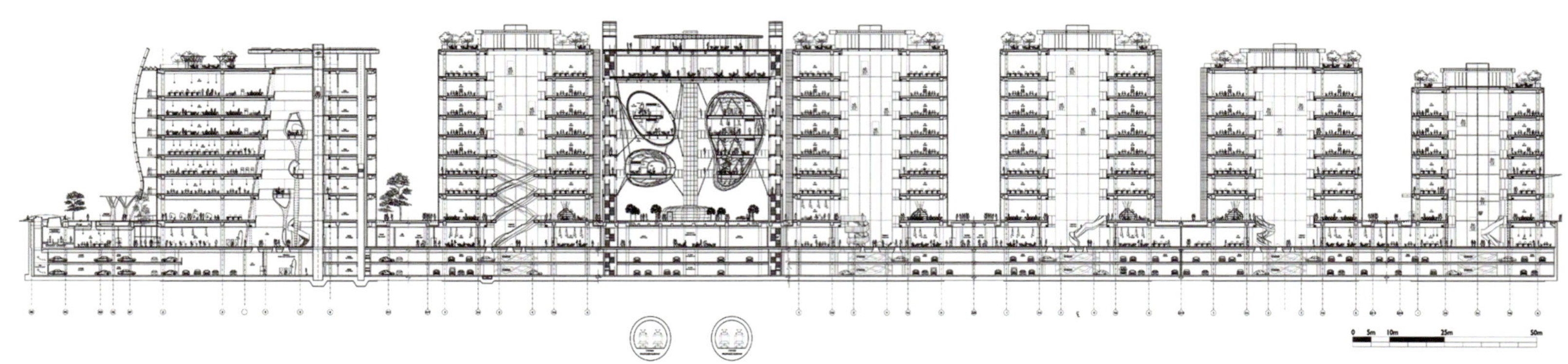

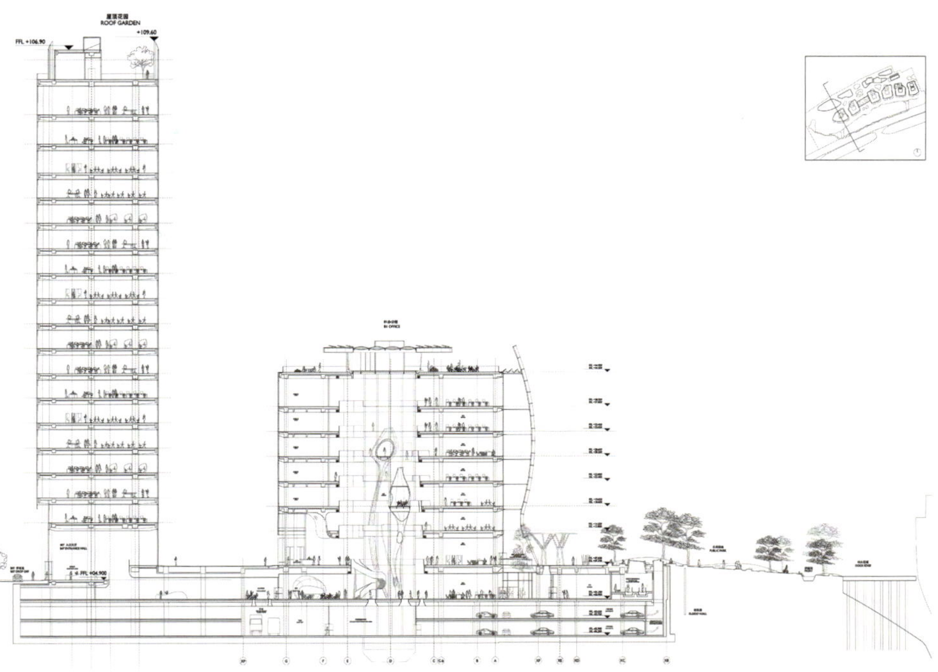
屋顶花园
ROOF GARDEN
FFL +106.90
+109.60

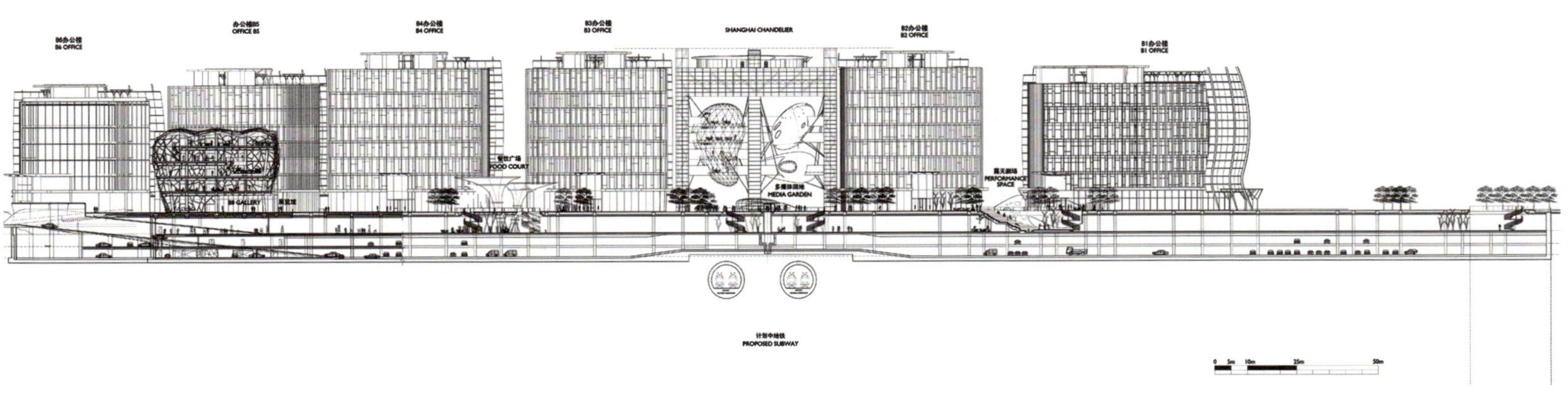
B6办公楼
B6 OFFICE
办公楼B5
OFFICE B5
B4办公楼
B4 OFFICE
B3办公楼
B3 OFFICE
SHANGHAI CHANDELIER
B2办公楼
B2 OFFICE
B1办公楼
B1 OFFICE
餐饮广场
FOOD COURT
多媒体园地
MEDIA GARDEN
露天剧场
PERFORMANCE
SPACE
计划中地铁
PROPOSED SUBWAY
0
5m
10m
25m
50m

上海国际港客运中心商业配套设施室内设计

B1办公楼是上海国际港客运中心的商业配套设施。该办公楼是沿江六栋办公楼的第一栋，位于基地西端显著的位置，坐拥南边最佳的黄浦江景和浦东金融中心，而西边则是历史悠久的外滩。

办公楼40米高，地上面积为12 000平方米，共有7层开放式办公空间，围绕一处通高的中庭布置。地下一层围绕一系列的下沉庭院布置了8 000平方米的会议服务设施，并且各个空间都可以直接看到中心的地下花园。其中一座300座的观众厅如镶嵌于花园一角。而在建筑的顶部，屋顶花园为办公或舞会提供了一处优美的场所。

建筑的中央为一处具有强烈空间效果的通高中庭，以联系各个楼层和组织竖向交通。方案把建筑流动的形体效果从室外延续到室内。“水下世界”成为中庭设计的灵感。中庭周边的玻璃栏杆，从屋顶到地面，由从深到浅渐变的蓝色玻璃组成，一直延伸到地面，形成如同水的涟漪一样的波纹图案，并且部分突出地面，形成三维的家具。“罗密欧与朱丽叶”楼梯从地面螺旋上升，木表皮包裹着数个出挑的休息平台，人们可以在这些平台上商讨问题，还可以作为讲台，直接向下面的听众发表演讲。

苏州圆融时代广场

项目基本情况

地理位置

圆融时代广场地处苏州工业园区金鸡湖东岸，项目东临金鸡湖广场、园区行政中心，西迎晋合洲际酒店、苏州科技文艺中心，南北紧邻建屋新罗酒店、凯悦酒店，周边分布着高档住宅群。

工业园区是由中国和新加坡两国合作开发的，经过近15年的建设和发展，目前已转型成面积为280多平方千米，集现代工业、商业、服务业于一体，教育、医疗等公共设施配套齐全的新城区，未来苏州的CBD。居住在苏州工业园区的人口现达到50万，其中有数万名外籍人士。园区的居住人口目标是110万。

交通状况

现状：圆融时代广场毗邻现代大道、机场路、金鸡湖大桥等主干路；2个大型公交换乘中心位于时代广场两端。未来：正在建设中的轻轨一号线在此规划六个地铁出入口，一号线是连接苏州最重要的城市节点与商业、文脉动线。

总规模与经济技术指标

圆融时代广场占地面积为21万平方米；建筑面积为51万平方米；分为五大功能区，包括商务办公区、圆融天幕街区、生活休闲区、滨河餐饮区以及苏州首座17万平方米的Shopping mall——香港利福国际集团打造的苏版久光百货。

圆融时代广场是苏州目前在规模和业态上比较超前的复合性商业地产项目，是集零售、餐饮、娱乐、商务、旅游、休闲、文化等元素为一体的综合性超大型消费区域。

项目定位为苏州市域新CBD最繁华的商业中心及苏州市标志性商业项目，并打造成华东地区最具影响力和商业价值的品牌街区。

项目经营模式

以租赁为主

商业街、写字楼、百货全部只租不卖。由专业的招商顾问团队进行统一招商，由经验丰富的物业管理团队进行运营管理。

项目投资运营单位

发展商——苏州圆融发展集团有限公司

商业顾问公司——仲量联行测量师事务所（香港）有限公司

物业顾问——第一太平戴维斯物业顾问（上海）有限公司

规划及建筑设计——美国HOK国际（亚洲太平洋）有限公司

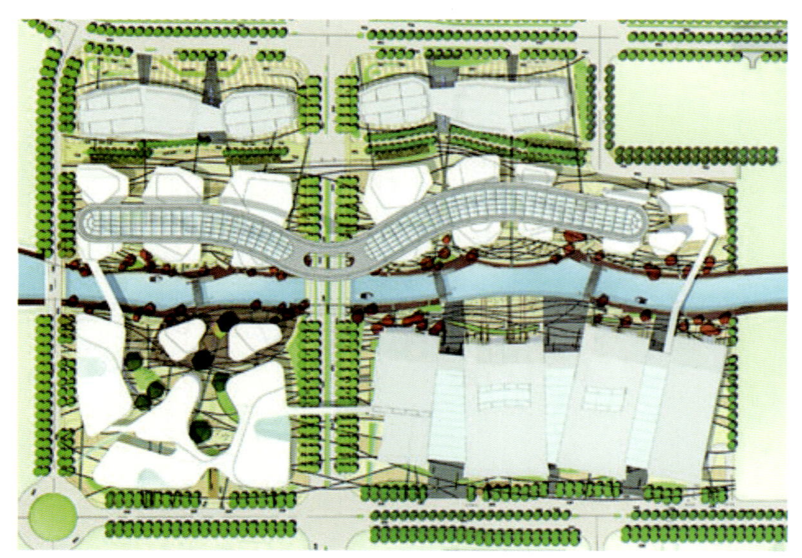

项目投资及开发单位背景

以商业地产开发、旅游地产开发、住宅开发、高端商业项目运营为四大支柱产业的超大型国有企业，苏州最具实力的商业地产运营商。

关于圆融：苏州圆融发展集团有限公司成立于2005年，注册资本金25亿元，是以商业地产投资和运营为第一核心竞争力的专业化、市场化、品牌化的企业集团。集团前身为苏州工业园区城市发展有限公司，孕育成长于苏州东部崛起的中新合作苏州工业园区。

圆融项目

商业项目：圆融时代广场、李公堤I-IV期、圆融星座、圆融大厦、阳澄食街、莲花堤休闲商街等。

住宅项目：青剑湖高档住宅。

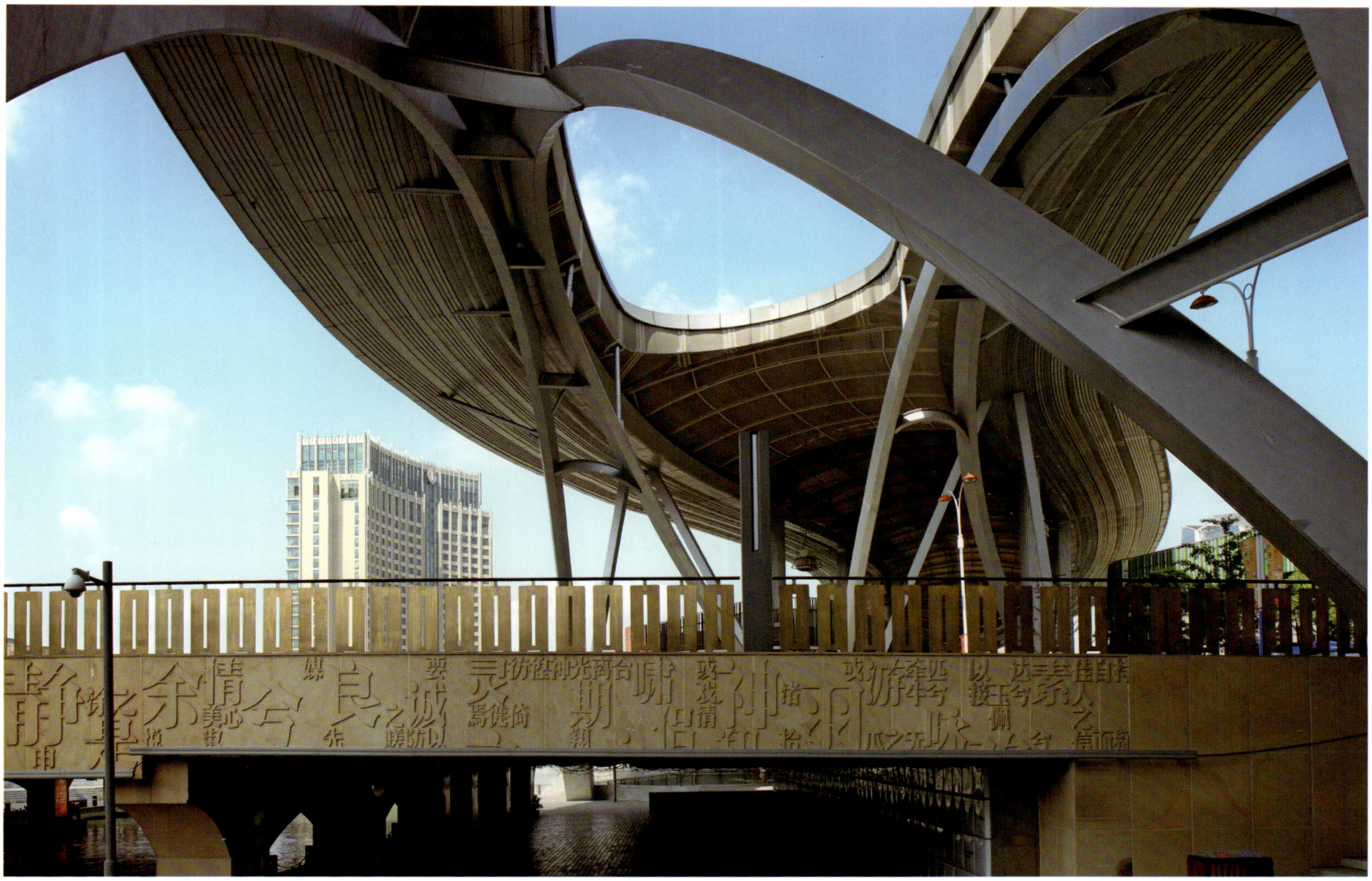

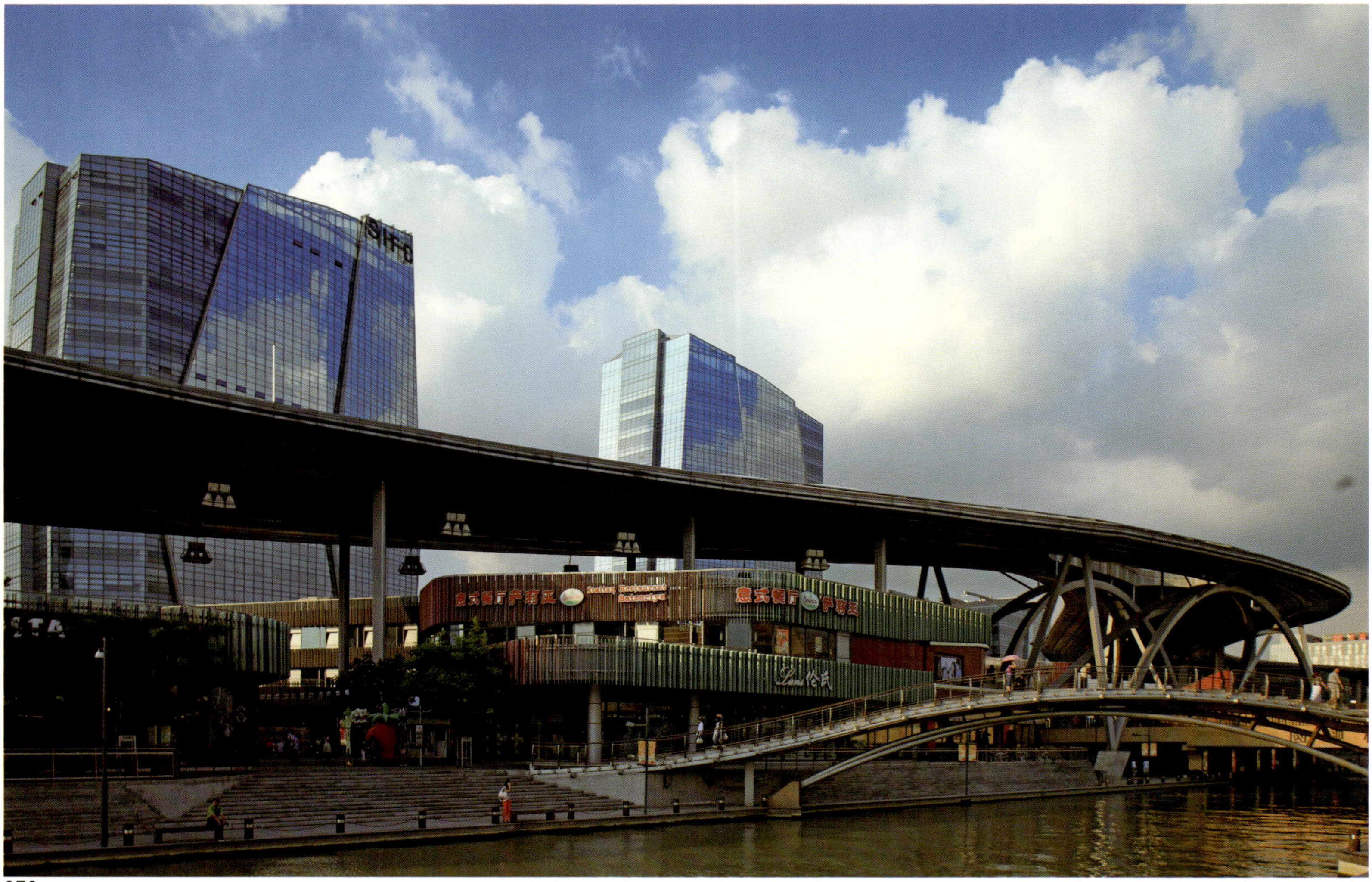

商业街分析

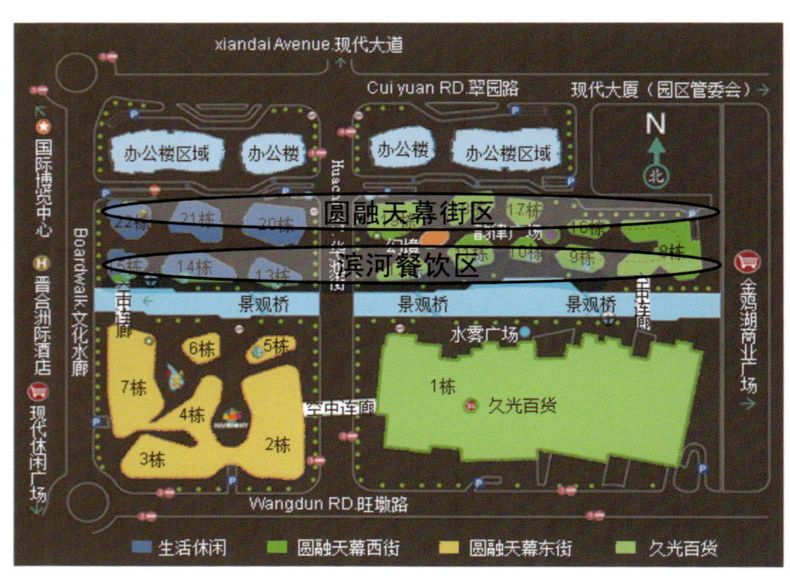

总体布局

商业街部分功能划分：圆融天幕街区、滨河餐饮区、生活休闲区；分别由多个独立建筑有机串联，单体两层。

项目临湖而形成特色沿水商业带，时尚现代的商业建筑与环湖景观的结合，不但满足了商业业态经营所需，创造了良好的景观条件，同时项目硬件条件与水系的搭配也达成了和谐统一。

物业特征

多个独栋物业，单铺面积100～800平方米，以150～300平方米的商铺居多，均为一层或一托二商铺。规模型独栋复合式商业设施的利用，促使内部交通通达，拓宽了商业展示面。

商业街区内建筑均以弧形构成，加之颜色艳丽的外立面石材，体现商业的现代时尚之感。有助于吸引游客光顾，形成眼球效应，从而创造经济效益。

内部交通规划

横向交通：项目设置三个空中连廊并沿河设置三座景观桥，将天幕街、生活休闲区和久光百货三个分区进行有效连接，同时利用连廊空间、桥墩的打造，增加一定的休闲商业氛围。

竖向交通：每个单铺在内部均设置楼梯，同时在天幕东街尽头主力店设有外部扶梯，增加便利性。

停车系统：每个区地下一层均设有停车场、出入口，共有4 000余个泊车位，满足了不同业态店家对交通和商业展示等的要求。

商业氛围营造

项目利用500米长的LED天幕、水系与空中连廊、夜景照明、道路指引、生活休闲区的主题景观、小品等人性化设置，营造出时尚的商业氛围。

天幕水系街区的营造

休闲餐饮为主体的亲水商业街区及中间区域小广场聚客的辅助与天幕形成相互辉映的统一整体。

城市生活景观小品的客流带动，生动有趣的城市景观小品为项目注入活力，更加贴近生活与民众，增强项目趣味性与体验性。

商业导视系统的应用

项目连廊桥内的LOGO展示、街区内导视牌的安置、与建筑物上统一形象的各色围栏等独具匠心的装饰，有助于项目整体风格的营造及外观时尚性的打造。

夜景照明的打造

桥廊、道路、商业店铺的灯光系统与每天定时播放的LED天幕，使商业街区内的夜晚环境更为时尚，足够吸引追求时尚的一族来此休闲、消费。

SELECTED
VERO MODA
VERO MODA
JACK JONES
中国体育彩票

FAMILY
KINGDOM
Euro Deliz 欧德利餐厅

立地条件

优越的地理位置及交通环境；区域内一定数量的外籍人群和具有高消费能力的人群支撑；开发商投资实力明显，全部持有经营；促使项目的规划、建设、招商和经营管理等诸多方面与多家国际一流团队合作，强强联合。

经营特征

商业建筑设计、景观设计、交通规划理念超前，适于各种业态商家经营；业态丰富、新型品牌主力店的引进，具有引领苏州时尚消费人群的功能。

分析判断

区域目前居住人口50万，消费力明显不足，地铁尚未建成，商业需要一定时间的培养期。

业态与品牌

天幕商业街：品牌多以知名主力店及国内外流行品牌为主，沿金鸡湖区域主要以休闲餐饮、咖啡店为主，引进年轻、时尚类品牌，以街店的形式将购物、餐饮、休闲融为一体，便于人们消费。

零售（46%）：品牌服饰、数码体验、运动休闲、艺术家饰、超市等。

餐饮（49%）：中华美食、异域餐饮、连锁餐饮、特色餐饮。

休闲（5%）：美容SPA。

生活休闲区：集各类儿童休闲娱乐、高端家电、体验式教育等国内外知名品牌于一体，充分满足家庭消费。主要以零售业态为主，儿童服饰、玩具等品牌店占据一定数量。高端家电商场的引入，提升品牌档次。孩童类消费者占有一席之地，休闲娱乐及服务类业态主要客群为儿童。

久光百货分析

基础概况

投资经营商：利福国际集团有限公司

地理位置：苏州市工业园区旺墩路268号/圆融时代广场南侧部分

规模：建筑面积17.1万平方米

物业结构：商业经营B1-4F/B2为停车场

商业定位：中高档次现代综合百货（以穿戴类软性商品为主，兼营超市业态，复合餐饮及休闲功能为补充）

物业特征

规模性：作为圆融时代广场之商业综合体的零售主力店，力求打造苏州最大的单体百货店，17万平方米体量占据总体开发规模的33%。

外立面及结构：延续圆融时代广场“标新”之特征——倾斜型外立面/落地玻璃通透性。商业设施整体突显现代特征；增强商业内部空间的亮度/照度；提升商业设施尤其是沿滨河方向的功能拓展性。

弊端：整体沿街面预估500米左右，对消防及商业经营布局规划压力较大。

商业布局规划

特征：依靠建筑结构特征，有机结合经营布局的分区规划；以现代综合百货定位为出发点，商业规划彰显购物联动促销及功能互补、完善之优化特征；业种及品牌组合考虑百货经营及店家需求。

基础概述

一楼：国际著名时装、手袋、鞋履配饰、珠宝及化妆品

二楼：家居用品及儿童玩具专区、男女国际服饰（上班及休闲服装）

三楼：主体娱乐区（游艺中心）、运动用品及青春时装专卖区

四楼：主题餐饮区

地下一楼：快餐、休闲食品级餐饮和生鲜食品超市

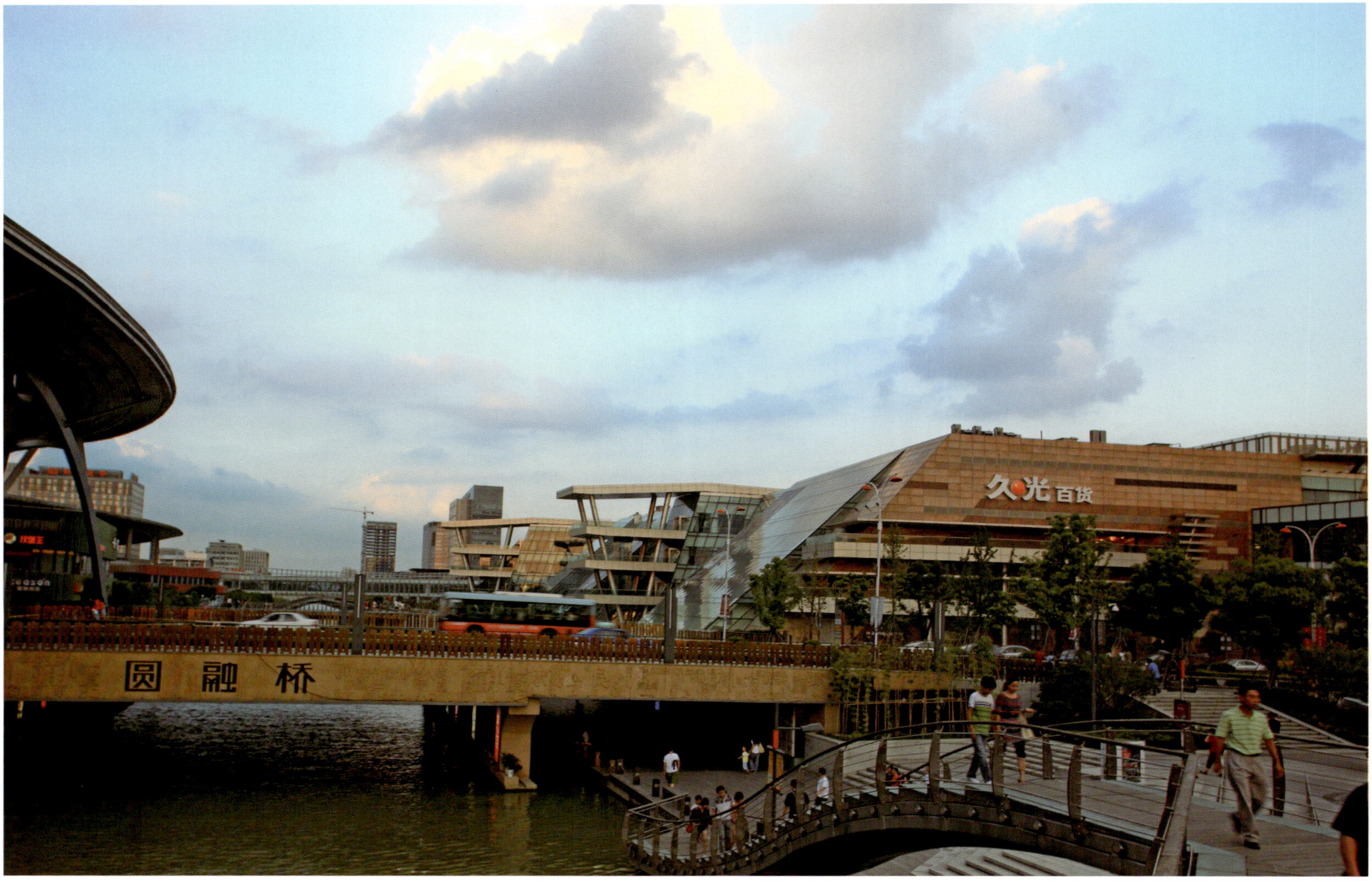
圆融桥
久光百货

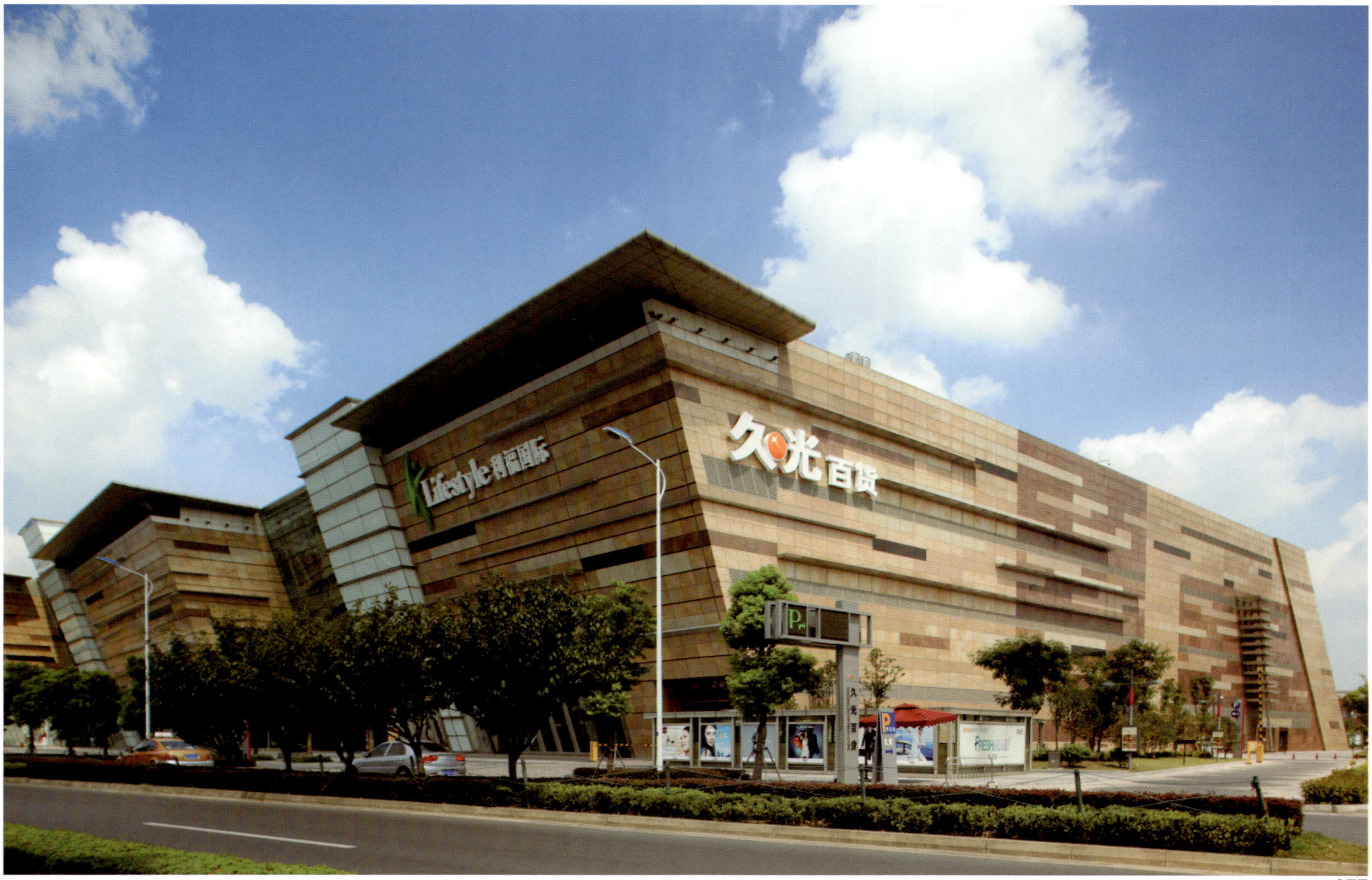
Lifestyle 利福国际
久光百货

苏州久光百货是久光百货在大中华地区最大的单店，建筑面积达到17万平方米，其间众多品牌均是首度进入苏州。苏州久光百货在采用崇光、久光的经营模式的同时，在业态布局、经营档次上将不亚于上海久光百货。内部设计有两个巨大的中庭，用中庭将步行街与各层平面组织联系起来，通过搭建多个空中连廊与生活休闲区、圆融天幕街区互通，消费者也可以从不同角度观赏室内外的休闲景观。

商业品牌

久光百货经营品牌以中高档次为主，采取差异化突围、补充日韩特色为主体特征。

目前，久光百货有500多个品牌，其中100余个品牌为首次进驻苏州；其摒弃了传统中端百货过多重复的大众消费型合资及国际3线品牌，兼顾整体商业定位及开发区消费现状，在高端品牌引进上并未大打奢侈品及顶级品牌，更多地偏向于国际1～2线及时尚名品类品牌。

依据现代百货发展趋势及“一站式”商业服务的需求，久光百货在外租区（商业街）、功能区招商上，突显休闲餐饮促进关联销售、商务品位餐饮提升店面形象的特征。

分析判断

经营立地

作为圆融时代广场最大的主力店及整盘商业带动重点，久光百货依靠金鸡湖东岸商务及商业环境日益完善的基础而入驻、发展（金鸡湖商业广场、置业大厦等）。苏州园区及项目周边的居民入住率的不足，带来商业的人流量及现状经营的限制。

经营特征

久光百货以软性商品及穿戴类商品为百货经营主体，同时提供“一站式”服务，提升功能、完善业态，增设零售生鲜超市、商业街、休闲美容、商务及主题餐饮等配套设施。其依托利福集团在华东的影响力及品牌号召力，久光百货苏州店以突围中档次生活百货为基点，增强日韩方向品牌及人性化服务比重，定位于时尚性、品牌性、综合型中高档次百货。

发展判断

随着工业园区的日益成熟、圆融时代广场的市场培育，久光百货的新型商业营运模式将逐步被消费者接受并追逐，发展成为引领苏州中高端时尚品位消费的首选场所之一。（摄影师：王美德）

宁波南部商务区

项目名称：宁波南部商务区
地　　点：中国宁波市
占地面积：246 000平方米
总建筑面积：910 000平方米

开 发 商 ：宁波南部新城置业有限公司
设计单位：马达思班建筑设计事务所
设 计 师 ：马清运
摄 影 师 ：金霑

宁波南部商务区（NSBD）是新城区发展总部经济、有效集聚资金和人气的重大项目，被宁波市列入“中提升”战略发展区块之一。该项目位于鄞州公园以南、天童路两侧，北至日丽中路，南至泰安东路，西至宁南南路，东至前河南路。一期规划用地246 000平方米，总建筑面积910 000平方米，总投资约40亿元。宁波南部商务区将是未来宁波南部核心区域，也是未来鄞州新城的核心区域，是宁波未来发展的标志形象。

总图设计

在“鄞州新城区分区规划”及整体城市设计当中，本次规划设计——水街是未来鄞州新城区核心区域的中心，用地功能定位为商务办公区，同时包括文化休闲、商业金融、餐饮休闲、信息中心等功能。是鄞州未来的商务活动和交流中心。具体的建筑功能应该以总部办公为主，同时兼容文化交流、商业服务、公寓、酒店等配套功能。规划方案重视相关建筑功能的混合匹配，结合不同地块自身的既定要素以及不同商务活动的配套需求，形成多元化建筑类型和空间布局形态。从而避免了商务办公与商业、金融、文化、居住等配套功能相脱节的弊病，形成7×24精彩活力区（每周7日，24小时全天候）。在地块的东半部，通过一条公共服务走廊将商业活动、共享信息中心以及公共交流平台等元素进行总体整合，而建筑单体可以通过空中连廊与之相连。地块东半部的建筑高度呈南北两侧较高，中间较低的分布格局，并在南北两侧布置全区的制高点建筑，借助富有标志性的建筑形象，定位为大型企业的总部。在地块的西半部，则以河流为主脉，组织滨河活动空间。沿河两侧组织文化休闲设施和商业餐饮设施，打造沿河商业文化步行街，并结合建筑单体的室内外空间，营造多样化水体景观。

规划方案重视人性化公共活动空间的营造，设计一条贯穿北部一至四号地块的步行景观休闲带。规划河流自南向北贯穿全区，并以此为主线形成极富活力的滨河商业步道、滨水景观画廊和水上游览通道。

建筑设计

建设规模及建筑物用途

鄞州新城南部商务区核心区的水街部分占地面积35 975平方米，总建筑面积152 666平方米（包括地下）。在“鄞州新城区分区规划”及整体城市设计当中，本次规划设计——水街是未来鄞州新城区核心区域的中心，用地功能定位为商务办公区，同时包括文化休闲、商业金融、餐饮休闲、信息中心等功能，是鄞州未来的商务活动和交流中心。具体的建筑功能应该以总部办公为主，同时兼容文化交流、商业服务、公寓、酒店等配套功能。规划方案重视相关建筑功能的混合匹配，结合不同地块自身的既定要素以及不同商务活动的配套需求，形成多元化建筑类型和空间布局形态。

总体设计构思及方案特点

地处鄞州新城的南部商务区是实施城市“中提升”战略的十大重要功能区块之一，所谓“中提升”，即适度扩大中心城区规模，完

善提升城市功能，丰富城市内涵，提高城市品位，发挥对周边地区的辐射带动作用。

南部商务区定位为未来鄞州新城区的核心区域，是鄞州区未来商务活动和交流的中心，商务区规划呈四个特点：灵活高效的中央活力区块的构筑、滨水空间景观的设计、空中步行景观带的构成以及地下公共空间的组织。而本次设计是商务区核心区的中心——水街部分，其作用和价值更是极其重要。

东部新城核心区位于新城和老城交界地区，无疑是东部新城区里最重要的地块。规划认为，核心区将是宁波市未来发展的核心，将与老城一起承担城市中心区的职能。相对于三江口的商业文化中心的职能，新城核心区将着力发展商务办公以及相关配套，再配以水乡特色的邻里社区，是宁波市未来发展的标志和形象。

SHANSHAN PLAZA

ORCHARD BOULEVARD
ORCHARD PARKSUITE
ORCHARD TURN
residential drop off
residential tower lobby
retail drop off
atrium
alfresco area
PATERSON ROAD
event space
WISMA ATRIA
EXISTING WHEELOCK PLAZA
facade skin
MRT
ramp
ramp
ORCHARD ROAD

新加坡ION Orchard

项目名称：ION Orchard

设计公司：Benoy

ION Orchard 得名于她的地理位置——乌节路(Orchard Road)。曾经的果园，现在的新加坡商业中心，场地承载着她的历史，也昭示着她的未来。

此开发地块位于新加坡最尊贵的乌节路，也是寸土寸金的乌节路上最后一块可用做开发的场地。高达218米的ION Orchard将会是此路上高度最高、造型最独特的建筑。地块下方是早已投入使用的乌节路地铁站，交通便捷，为商场带来大量客流。

Benoy设计公司从她的历史背景中得到灵感，也是对场地的尊重，将ION Orchard描述成一枚掉落在果园的种子，在这里生根发芽。种子的核是高端商业中心，裙楼的曲面外墙以及外墙延伸出的天幕为包覆着的果皮，婷婷的芽是高高矗立的公寓塔楼，如生命的能量破土迸发。

Marriott
TANG
TANG PLAZA
MEN

OPERA GALLERY
OPERA GALLERY

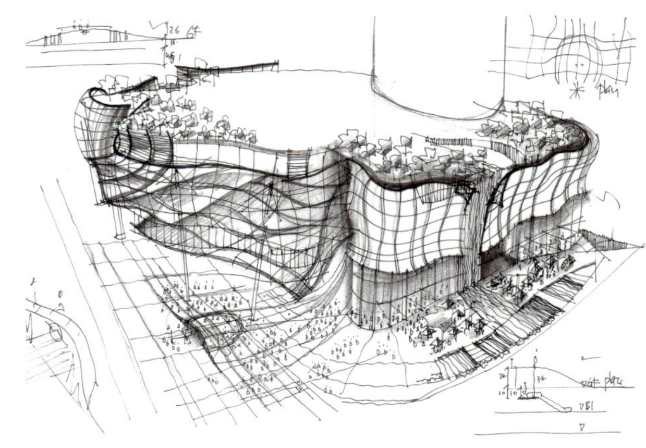

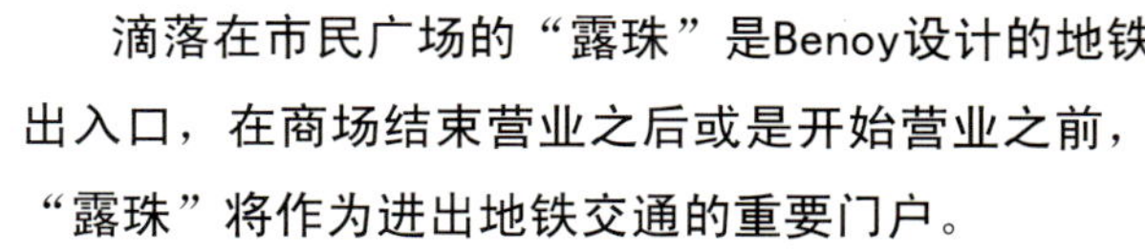

滴落在市民广场的“露珠”是Benoy设计的地铁出入口，在商场结束营业之后或是开始营业之前，“露珠”将作为进出地铁交通的重要门户。

这座56层的建筑，总面积达125 000平方米，其中商业面积为60 000多平方米，与地铁站紧密连接。裙楼是4层商业中心和4层停车库的组合。其停车场位于商场之上，为这座高档住宅塔楼提供私家车库，以及为前来购物的人们准备了充足的停车空间，更有效地增加了该区的客流。

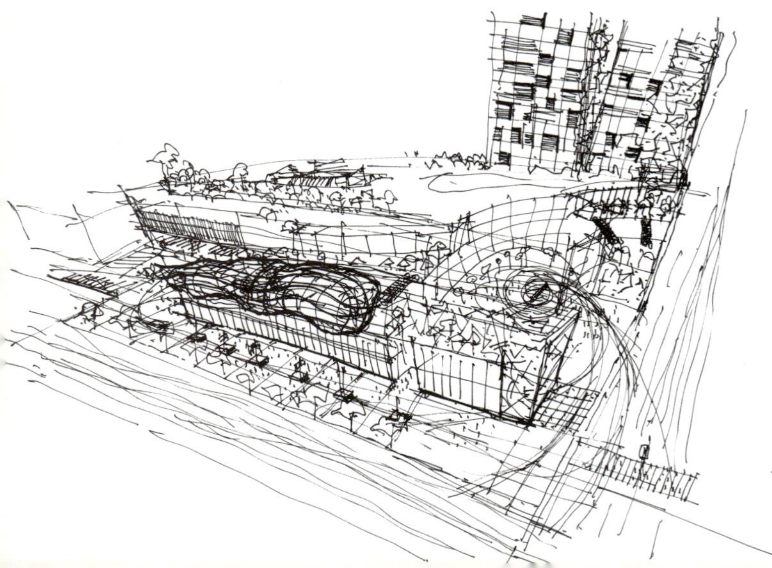

Cartier
Cartier

在ION Orchard的顶部是一座双层的观光台，在这里可以360度观赏新加坡城市景观，为旅游观光、主题派对、国际路演等活动增加一个新的亮点。优雅的住宅塔楼是简洁、高效和绿色设计的代表。外立面上的双层镀膜玻璃和氟碳穿孔铝板，将它描绘成新生的还未张开的叶，唤起人们对场地的绿色记忆。

DOLCE&GABBANA

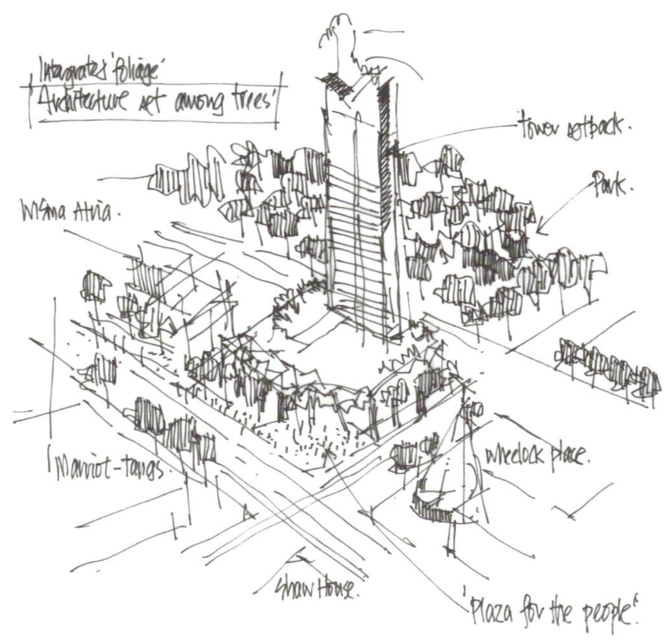
Integrates 'foliage'
'Architecture set among trees'
tower setback.
Park.
Wisma Atria.
Marriot-tangs.
wheelock place.
Shaw House.
'Plaza for the people'.

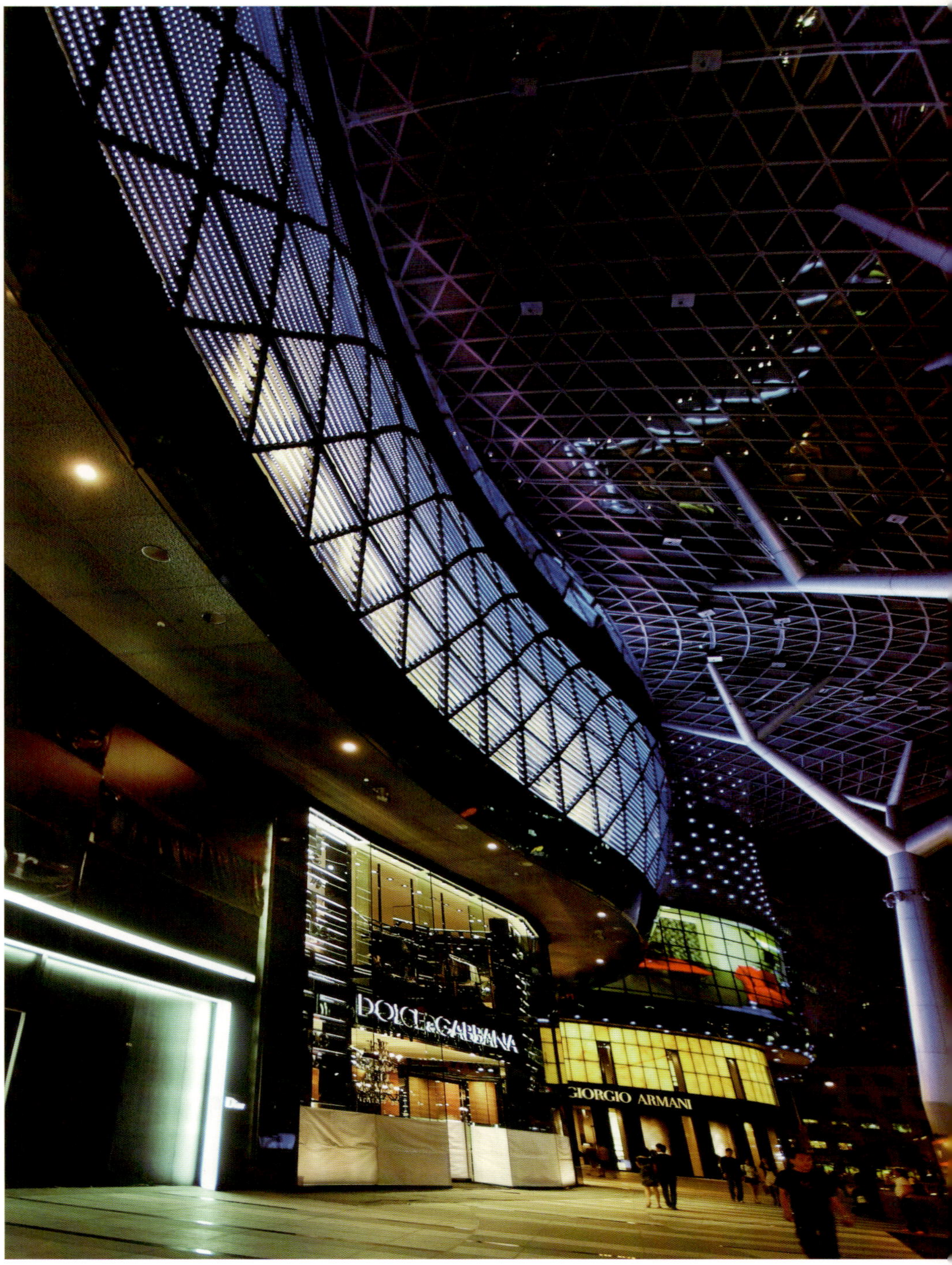

裙楼巨大天幕笼罩着一个达3 000平方米的市民广场，游客和访客可以在这里聚会、交流或参与各种活动。该天幕是新加坡第一个纯单构造立面及天棚，也是目前亚洲最大的媒体墙。同时，与LED媒体技术的结合，为商业带来新的机遇，将建筑转化为一个可以与人交互的界面。在夜间，它也为这座城市带来无穷活力，成为展示各种现代艺术或商业活动的最佳平台。

商场裙楼的多维立面，由玻璃和金属架组成，最大限度地增加沿街商业的曝光面，从而增加商业价值。具有复杂模块的波浪般起伏的天棚，来自自然图形和纹理的启发。支撑天棚的立柱如同抽象的树，把其上的天幕变成乌节路上树冠的一部分，在视觉上延伸街道的感觉，将建筑融入城市。

DINING
MORE SHOPS
ION FOOD HALL
B4

商场内部简洁而优雅，延续了整体建筑的风格，与自然环境紧密相连。通过使用天然石材（如大理石、石灰石等）以及木材等传达出一种温和、亲切的商业氛围，同时确保商户拥有恰当的展示环境。在室内运用的LED设施，一方面作为对外立面的回应，另一方面也增加室内的趣味性。

ION Orchard的另一特色是绿色建筑的理念，她采用中水回收系统，以及利用流水为室内降温等措施，每年可以节约大量资源，因此被新加坡建设局授予Green Mark金质证书。

该项目采用Parabienta绿化墙系统，来保持建筑物的绿色环境，同时设有电子感应器测量户外光线，以调节室内灯光亮度。在裙楼天台上厚厚的植被，除提供优美的环境外，亦有效阻隔太阳热能散发至下层。雨水感应器通过节水型定时器控制滴灌系统，从而有效节约灌溉用水。透明的媒体墙上的LED灯的间隔，确保日光可以进入商场的室内，同时又达到视觉上的可视性。此外，在住宅的阳台上的可移动百叶窗幕以及广场上的天棚，通过动力冷却系统减少太阳辐射。

开 发 商：广州万达广场投资（置业）有限公司

设计公司：上海新外建工程设计与顾问有限公司

项目地址：广州市白云区

用地面积：210 900平方米

建筑面积：563 000平方米

广州白云万达广场

万达全国首家开业旗舰店

广州白云万达广场鸟瞰

广州白云万达广场项目位于广州市白云区，东至云城东路，西至云城西路，南至横五路，北至白云路。是一座集商业中心、五星级酒店、商务酒店、室外步行街、甲级写字楼等业态为一体的广场。总用地面积约210 900平方米，总建筑面积563 000平方米。地上建筑面积444 000平方米、其中大商业96 000平方米、写字楼77 000平方米、酒店37 000平方米、室外步行街20 000平方米。地下建筑面积119 000平方米，其中大商业地下74 000平放米、甲级写字楼地下25 000平方米、酒店地下8 000平方米。

万达广场正门

通过对万达商业模式与已建成的各地万达广场的立面形象的调研与分析，我们可以体会到万达广场所特有的形象特征及其反映出的内在企业精神。广州万达广场建筑群体形象秉承万达一贯的简洁、现代、大气的风格，充分体现万达高效、简练的企业文化特征。结合万达企业文化的特征及经济性的考虑，立面材料块面分割，完全采用直线条构图元素，在简洁的形体关系框架内通过肌理丰富而统一的变化表现出现代感。

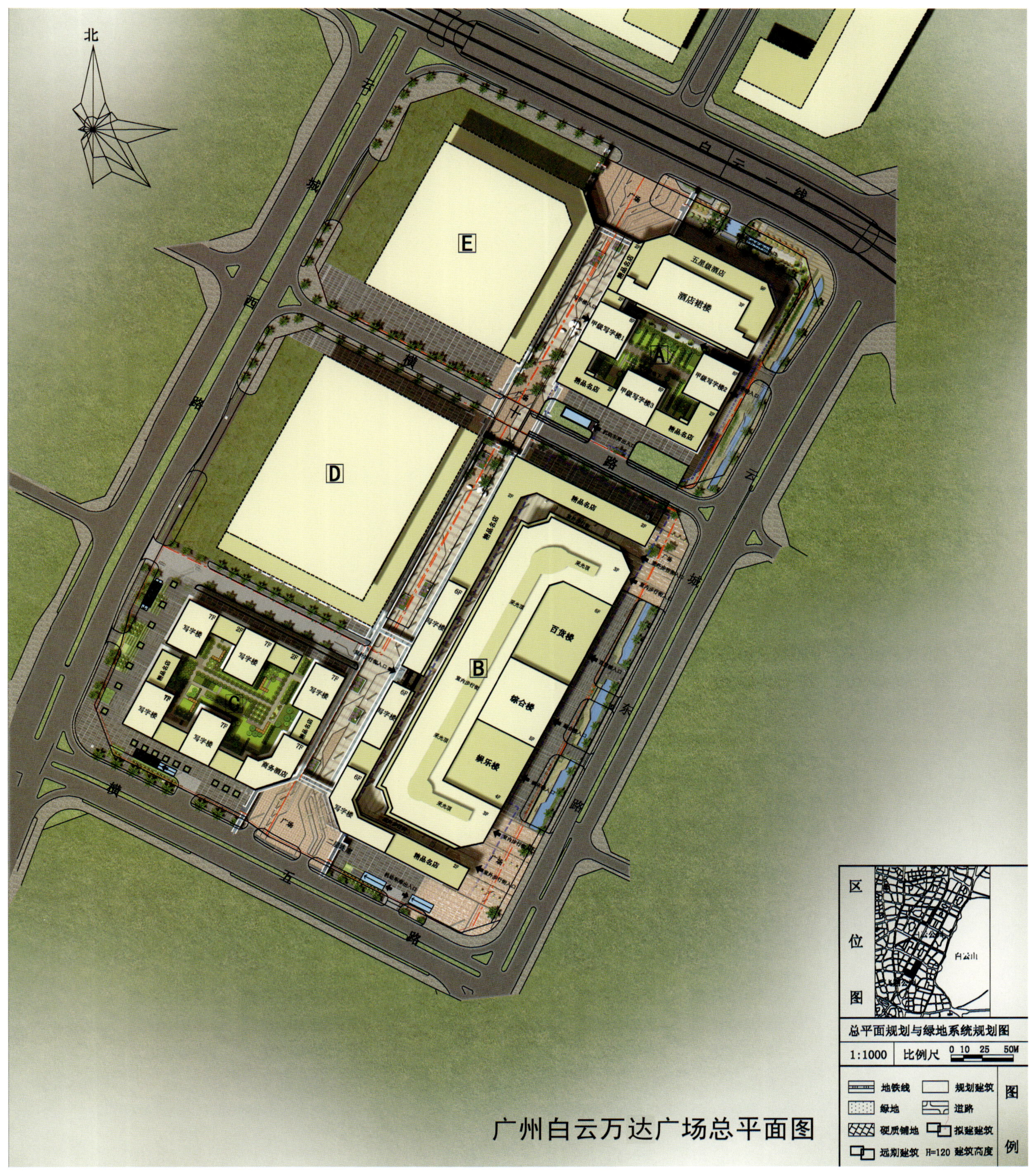

方案设计强调在万达传统的基础上采用一种新的设计概念，以倾斜于墙面的穿孔银白色铝板群组合成张弛有度的线条肌理作为统领全局的造型元素进行立面设计，使整个建筑群具有丰富的立面层次和光影变化，同时也给夜景照明设计创造了很好的条件。穿孔铝板固定在横线条的铝型材上，其后方根据功能要求设置铝板幕墙或玻璃幕墙，使整体造型既统一又富于变化，同时还充分满足功能要求。

项目构成

白云万达广场主要由万达购物中心、五星级万达希尔顿大酒店、室外商业步行街、写字楼、商务酒店五部分组成。

项目亮点

亮点一：30余家国际一线顶级品牌入驻。

亮点二：10米宽白云金街及1 600平方米巨型高清天幕。

五星级万达希尔顿大酒店

室外商业步行街

写字楼

商务酒店

白云金街

广州白云万达广场为万达第三代城市综合体项目，购物、逛街、看电影、打电玩、餐饮、零售、文化、体育、娱乐等多种享受都可“一站式”完成。作为万达集团目前已开业和在建的60多座万达广场中第一个A级旗舰店（目前全国只有四个A级店），广州白云万达广场建筑面积投资之大、设计理念之先进、引入品牌档次之高将使其成为中国最好的商业中心。如广场内的万千百货将引入30多个国际国内一流品牌；投资近亿元的华南首块巨型高清天幕；面积达45 000平方米的万达希尔顿酒店；三条同风格、不同主题的步行街以及华南地区第一个数字IMAX影厅，等等。

白云金街效果图

商业策划及规划原则

商业策划：业态规划在先，建筑规划在后。商业订单在先，建筑建造在后。

规划原则：交通优先，功能分区，突出商业，公共空间 。

交通优先

人车分流

外车内人

下车上人

城市主干道

城市干道

步行街商业系统

机动车出入口

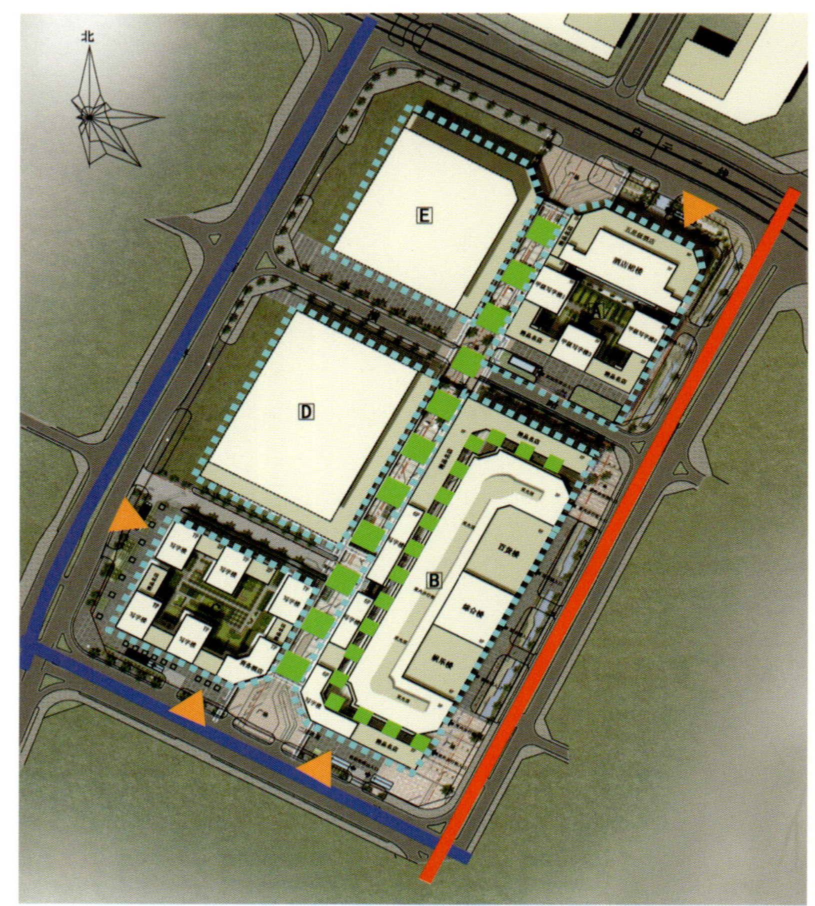

功能分区

万达购物中心

五星级希尔顿大酒店

写字楼

商务酒店

万达金街

城市商业步行街

规划预留商业

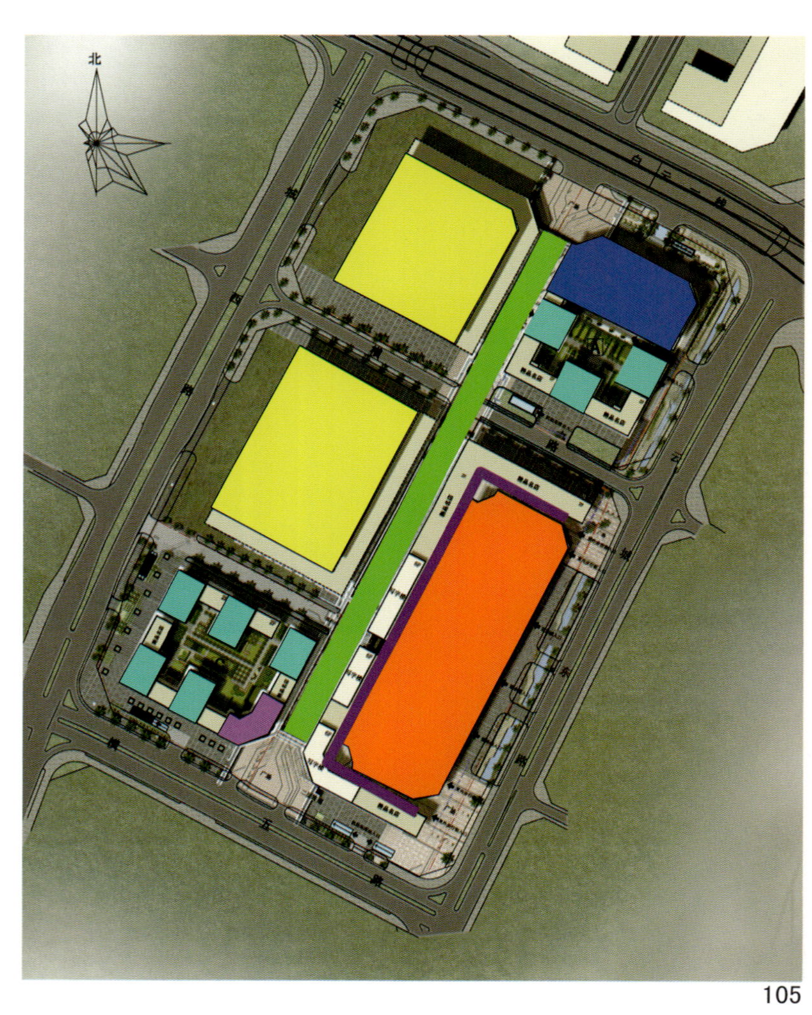

在白云万达广场的立面设计中保留并强化了以下具有万达特色的建筑立面特征

（1）简洁明快的建筑形象。白云万达广场建筑群体形象秉承万达一贯的简洁、现代、大气的风格，充分体现万达高效、简练的企业文化特征。

（2）直线条为主的构图元素。结合万达企业文化的特征以及经济性的考虑，立面设计完全采用直线条构图元素。

（3）体块穿插为特色的设计手法。结合各种不同功能区域对于外立面的不同要求，在建筑立面上形成不同的材料体块。通过不同的材料体块互相交织、穿插的设计手法，体现出城市综合体内在的复杂与有序并存的特性。

（4）增加近人尺度的空间丰富性。万达广场功能复杂，体量巨大，与城市之间的界面往往进行了简化处理。这在保持了整体感和大气感的同时，也带来了与城市和人接触的界面的单调感。因此，广州白云万达广场的设计中一方面致力于延续万达的优秀建筑传统，一方面也考虑在近人尺度上改变原有的比较冷漠与单调的界面，增加材料质感与种类，色彩变化较为丰富，使城市人群在万达广场内的空间体验得到改善。

商业立面上的处理带有现代体块穿插的感觉，局部运用体块的退让以及虚实对比的设计手法使商业的气氛更突出。为了满足万达特色的要求，购物中心部分、酒店部分、办公楼部分外立面以金属板幕墙、局部玻璃幕墙为主，避免大面积使用玻璃幕墙。设计遵照万达所提供的限额设计指标进行立面设计，满足成本控制的要求，并在限额设计的同时也考虑了节能减排的需要，平衡了各幕墙材料的比例，尽量在造价与立面效果上取得双赢。

商业购物中心内部大部分为精品店，为了达到内部采光的目的，外墙运用了大面积金属板，使外立面有更多实体面积。主入口处的金属板和玻璃幕墙面进行了统一的橱窗设计，丰富了橱窗的可见度，对商品广告起到了更直接的宣传作用，同时也烘托出商业氛围。外立面的实体墙面材料采用金属板幕墙和陶板幕墙穿插组成，虚体墙面由玻璃幕墙、广告（店招及橱窗）有序组合，而进排风口等必要设备则用百叶来遮挡。

广州白云万达东侧具有白云山良好的景观环境资源，因此，立面的设计充分挖掘了环境对白云万达广场外立面的影响。由于与白云山的良好对景关系，B区商业综合体的东立面无可争议地成为了白云万达广场的主要展示面，采用金属板幕墙、陶板幕墙、玻璃幕墙3类幕墙。3块金黄色金属板幕墙组成的梯形形体以及梯形的展示型大玻璃幕墙隐喻山水相依的城市环境，金属板幕墙的肌理从矩形到三角形的渐变效果完美诠释了广州市人工环境与自然环境交相呼应、人与自然环境和谐共生的美好愿景，而陶板幕墙和陶百叶凹凸的肌理变化则着重突出了广州白云万达广场的尊贵品质以及对提高人们生活品质目标的执著追求。

主力店

广州白云万达广场已引进万千百货、万达国际影城、沃尔玛购物广场、大歌星KTV、大玩家超乐场、国美电器、万达希尔顿酒店、奇乐儿儿童游乐场、大椰丰饭大酒楼等主力店。

公司耗资1亿元制作的面积达1 600平方米的商业天幕，将会为整条商业街带来富于梦幻色彩和时尚品位的声光组合，成为一座吸引人潮的国际级奇观。广场外墙设置了两块面积均超过100平方米的巨型LED屏幕，营造出独特的购物休闲空间。

室外步行街长510米，通道宽9米；城市步行街长640米，宽35米，与地铁飞翔公园站仅相距300米。

芙蓉楼
FU RONG LOU
万达广场
豪礼

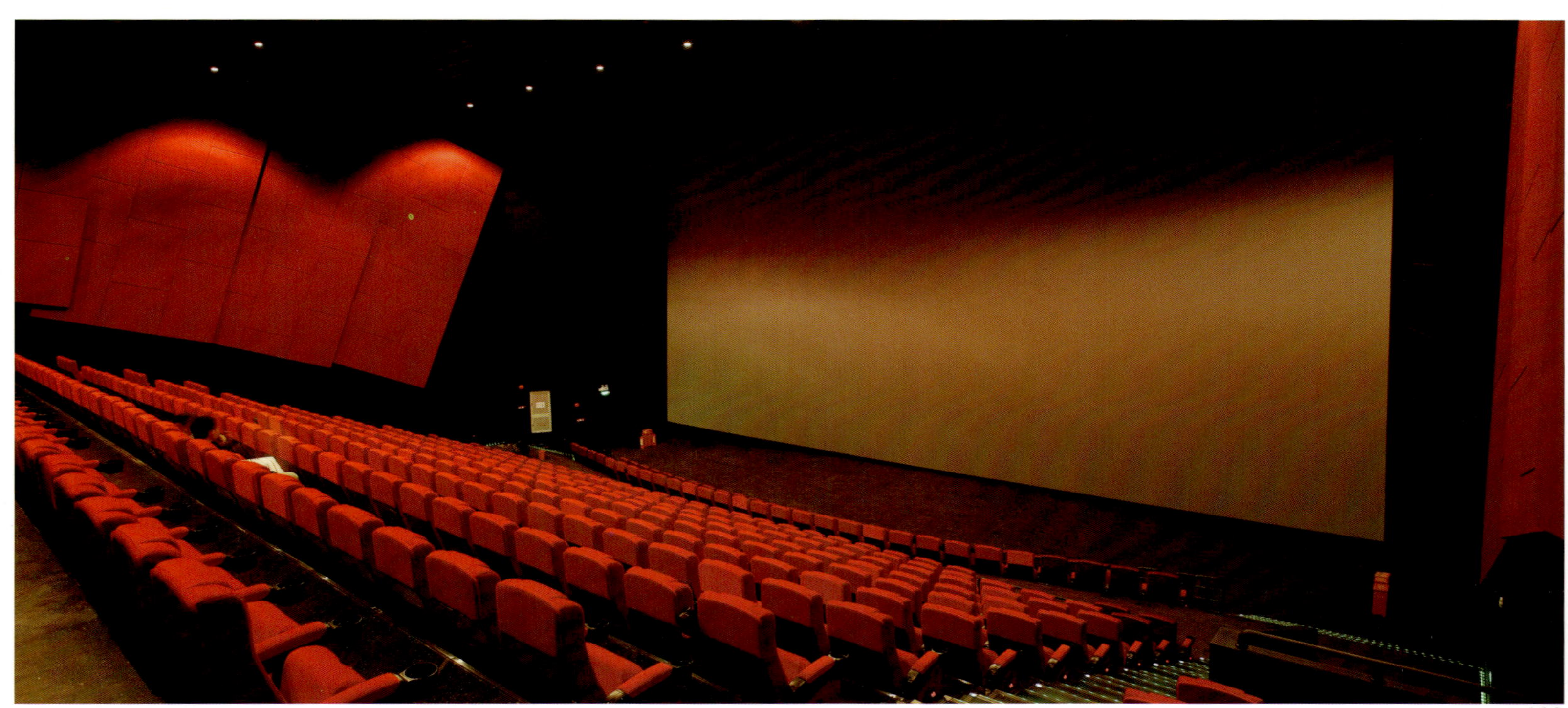

VIP 区

无锡金太湖国际城

项目名称：无锡金太湖国际城

地理位置：中国江苏省无锡市北塘区

设计单位：美国RNL建筑师事务所，UDG联创国际

开发单位：无锡金太湖房地产开发有限公司

规划总用地面积：142 176.9平方米

总建筑面积（地上和地下）：656 010平方米

容积率：3

绿化率：30%

设计说明

无锡金太湖国际城是由无锡金太湖房地产开发有限公司开发的一个集商业、娱乐、居住和酒店于一体的一站式的购物休闲综合设施。该工程位于中国江苏省无锡市北塘区，它的建成将对该区域及无锡市的商业格局、经济发展以及市民生活产生重大影响。

该规划的策略是将一个巨大尺度的工程转换成一个完全的都市中心，该中心将成为无锡市中心西面的地标，并且成为周边地区持续发展的催化剂。其中商业部分由各种各样的业态构成以成为区域性的购物首选地——由沃尔玛及其他大型租户组成的日常用品商店；由大型百货店构成的时尚购物商店；富有特色的步行主街；由酒吧和餐饮构成的村落似的休闲场所以及一个大型的电影院。整个商业综合区域非常适合混入多样化的居住建筑以及办公和酒店，以此带来的人气可带动商业，同时也为无锡市提供一种可选择的、居住在充满活力的市中心时可享受到的新的生活方式。

平面图

AD-7
PHASING DIAGRAM

AD-8
PHASING SECTION

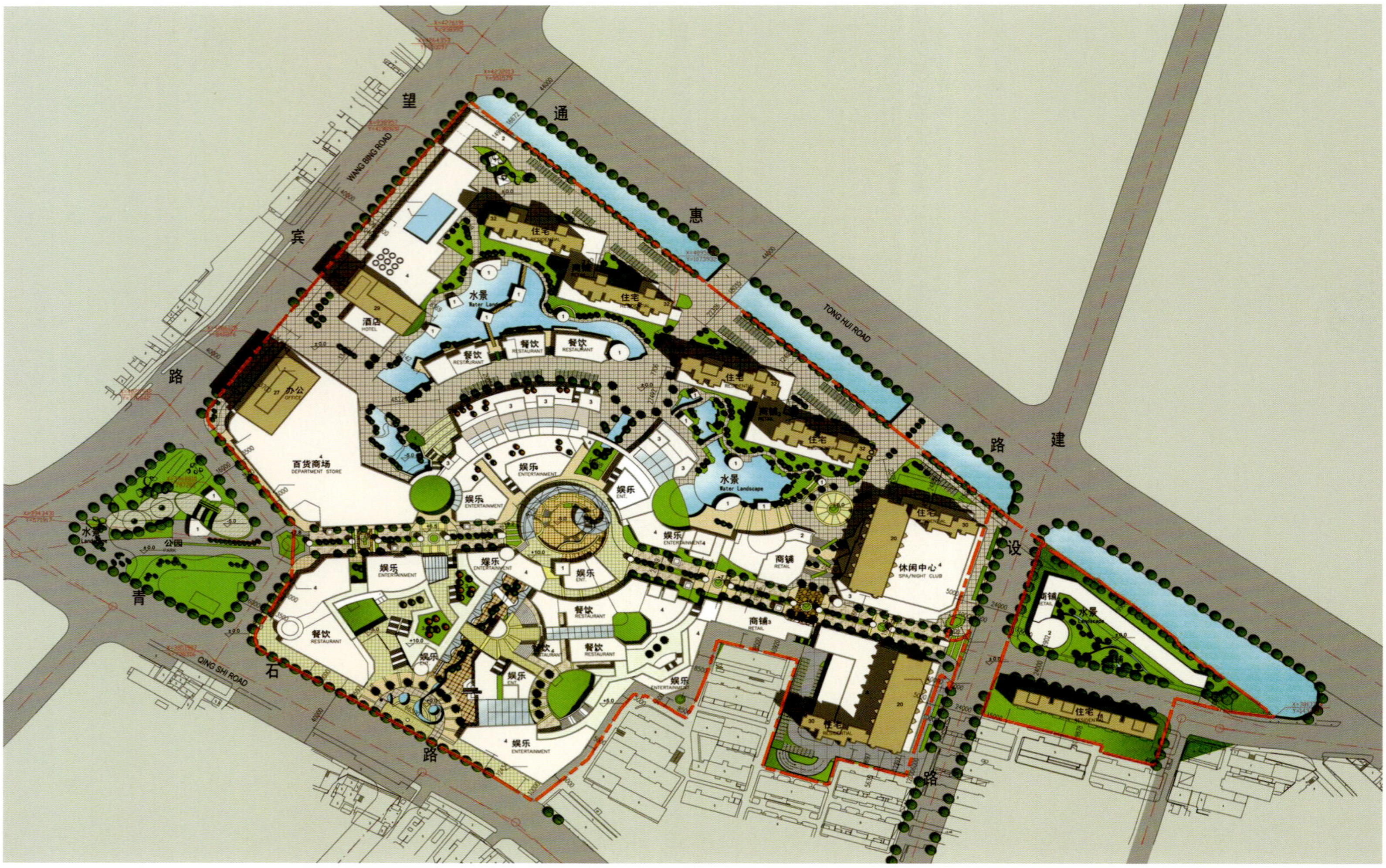

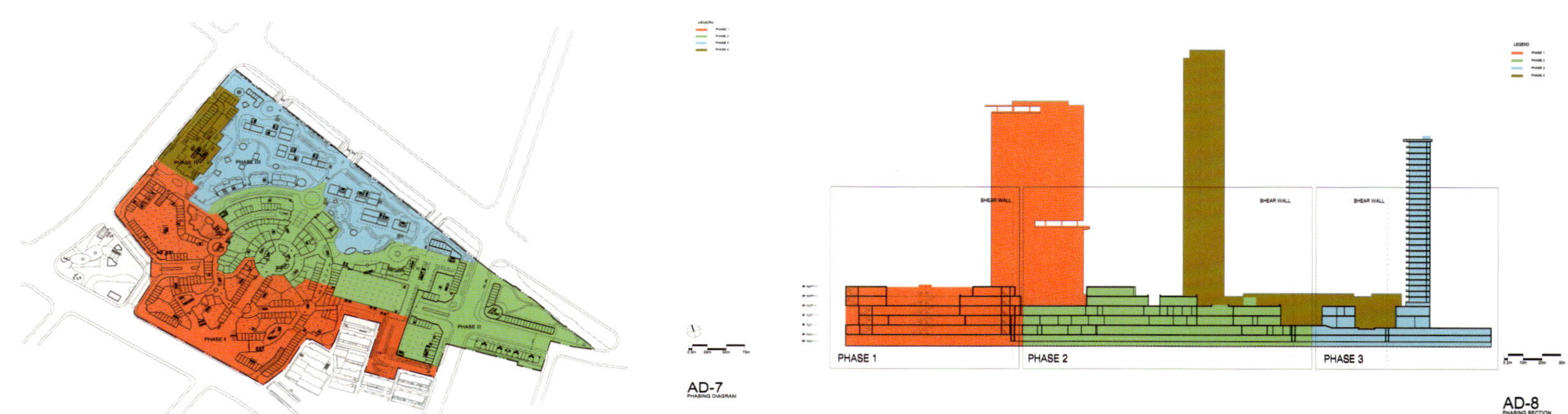

住宅部分则由七个不同的塔楼组成，将提供多种户型的套房和酒店式公寓，以此满足不同的需求。住宅塔楼将主要结合两室和三室的户型，在顶楼设计了特别户型的套房。这些塔楼的裙房将安排零售和餐饮，充分利用湖面的水景。塔楼的设计将比较现代化，南向立面主要由大量的玻璃、金属板和橙色面砖构成。

在基地的东边，位于两个大型零售商场之上，设计了两个相辅相成的L形塔楼。这两栋塔楼将混合设置单身公寓和一室、两室及三室的户型。这两栋塔楼将与下面裙房的零售和娱乐有直接的联系，也可以利用它们的屋顶大平台作为健身活动的场地。单身公寓的部分将在白天提供动人的光影效果，而在夜间则是富有魅力的透明和半透明的光影。

在基地的东南角落，设计了一个位于零售裙房之上的住宅塔楼作为该居住综合区的东部节点。这栋塔楼的设计独特而有所突破，一律由三室的户型组成。它的设计将突出一系列贯穿建筑的空中花园——在立面构图中错落有致，同时保证每组居住单位都能享受到花园景观。

效果图

在位于基地西侧的百货公司上部设计了一座115米高的办公大楼(30 000平方米)。其入口和停车场入口都位于青石路。塔楼设计为一系列浮动的平面，双层玻璃的幕墙与结构脱离开来，这样使建筑显得很轻盈。在结构的表皮内，该塔楼设置了空中花园以及一系列双层高的会议室。塔楼的核心筒略微向西移动，这样可以尽可能多地留出较理想的向东的办公场所。为减少夏天的辐射热量，塔楼的立面将使用有陶瓷膜的玻璃，这种方式将有助于阻止太阳的辐射热量，而且当人们白天在建筑周围走动的时候，可以感受到这种方式形成的动人的设计。

KFC

中国黄金

城开昆山
花桥游站

（花桥案例）

开发单位：上海城开、上海恒地仓

建筑设计：日本M. A. O. 一级建筑士事务所

项目地点：江苏省昆山市花桥绿地大道近徐公路

设计用途：SOHO/酒店/办公/商业

基地面积：3.4万平方米

建筑面积：11万平方米（地上）

容 积 率：3.1

日本M. A. O. 简介

日本M. A. O. 一级建筑士事务所，1994年成立于日本东京，是日本著名建筑师毛厚德先生领衔主持的以城市规划、建筑设计、景观设计为主的专业事务所，是具有日本独立法人资格的设计单位，拥有一批高水平专业设计师，具有很强的设计实力和极其丰富的境内外设计经验。

M. A. O. 是极富个性的新智力集团，拥有自成体系的设计理念、充满创新的工作方法、融洽的人际关系，可最大限度地激发设计人员的创意激情。

M. A. O. 着重于人的行为与场所空间的研究，在街区型商业、时尚办公街区、高端住宅等领域的规划、建筑、景观设计中都显示了强大的创造力和丰富的经验，已获得了良好的声誉，在各个设计领域已卓有成效。

项目简介

项目地处花桥国际商务城东南角地块，基地东面为徐公河，南面隔徐公河临绿地大道。西面为徐公桥路，北面为纬一路，东南两面被徐公河环绕，南面有大面积的住宅和大型商业设施。

用地性质为综合用地，包含科研办公、商业、酒店。规划方案拟建三幢高层建筑，分别是LOFT办公与SOHO办公综合体，纯SOHO办公楼，酒店与SOHO办公综合体，三幢楼底层均为商业，地下一层，总建筑面积约为106 000平方米，容积率约为3.1。

项目位于苏沪交界处，处于长江三角洲经济圈的核心位置。这里是中国经济总量最大，经济发展和对外贸易最活跃的地区。地块的产业定位为全国最大规模的客户呼叫中心和外包服务基地。然而花桥周边环境的不成熟造成人员频繁流动，难以吸引高素质人才。

本项目致力于在基地内营造一个成熟完善的内部生活环境，满足使用人群的绝大部分生活需求，使人们能够对这片土地产生安心感和依赖感，从而达到最大程度降低人员流动的目的。创造出一个充满活力的“有趣，有故事，能工作，能生活”的青年社区，使这一地块成为整个花桥国际商务城的“发动机”，带动整个商务城的发展，并成为花桥国际商务城的一个标志。

项目功能分析

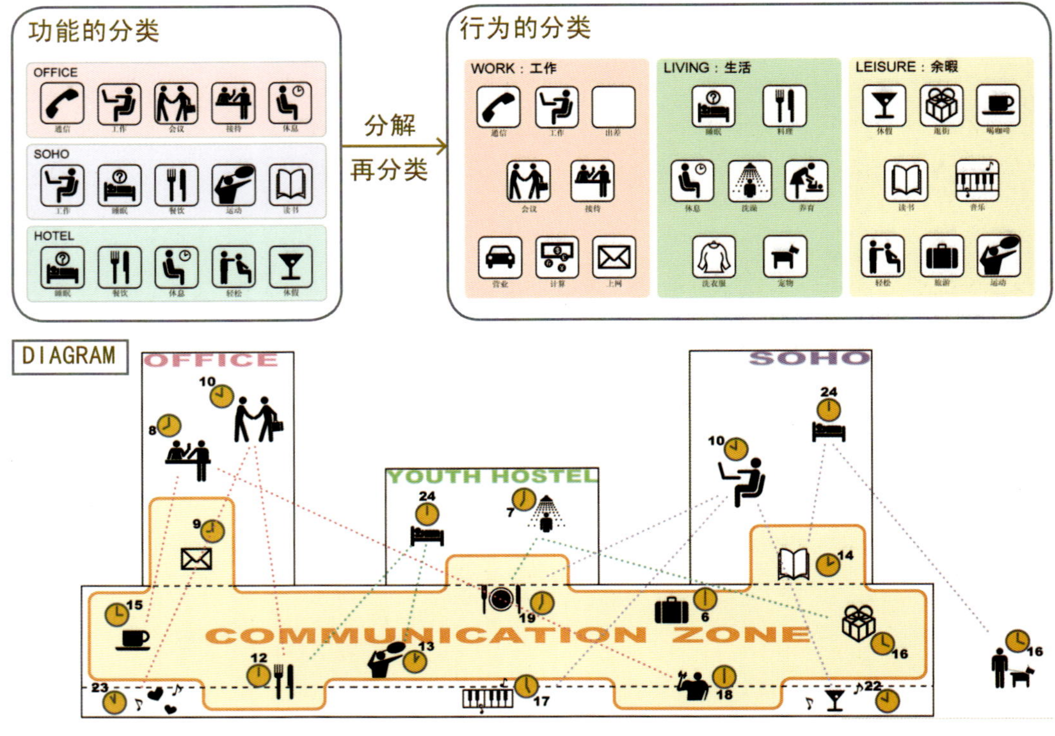

根据人的行为将功能再次分类，公用的一部分功能形成公共空间，这样可以使得年轻人的活动场所更加丰富。

一般人的生活状态是8小时上班，8小时睡眠，还有8小时是定义模糊的。针对呼叫中心的产业特性，设计师的目标是创造8小时工作与8小时生活中间的联系。上班后有更多的目的型活动，使时间有相乘效应，增加有效时间。

action

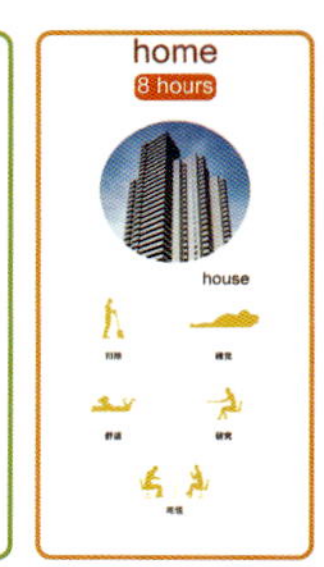

space

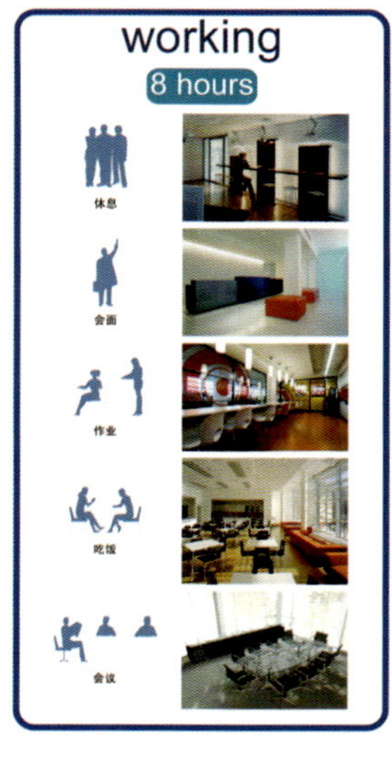

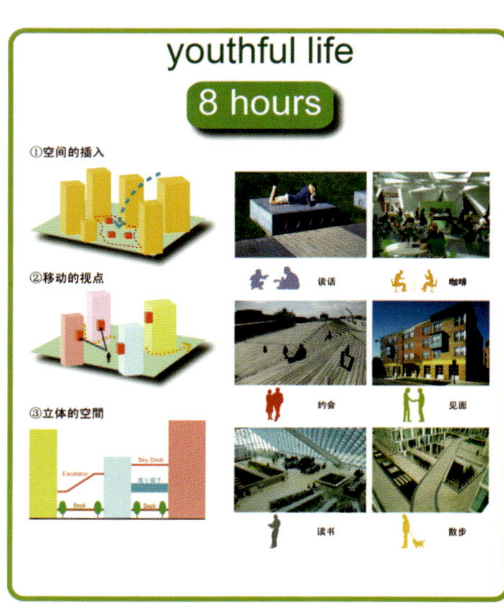

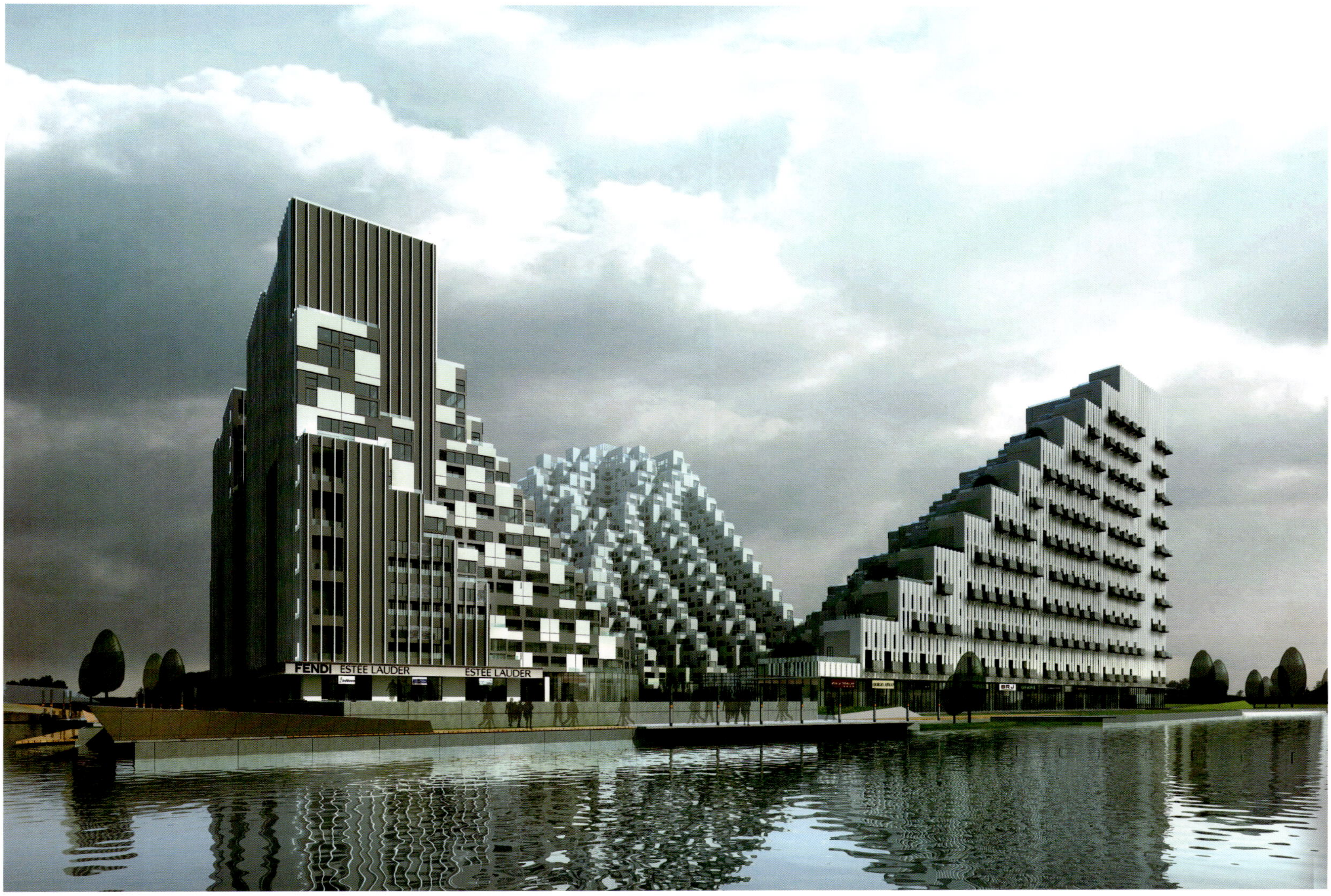

概念

本项目采用了大胆的设计手法，突破了常规思维的禁锢，将几种不同的建筑形态结合在一起，一气呵成，形成了一个气势磅礴的地标性建筑。

建筑体量犹如山地，沿用地四周隆起，自下而上向用地内部逐层退台。退台部分形成了年轻人自然活动交流的空间。建筑体量的纵向退台空间形成了三个建筑围合形成的场。场内的视线沟通使年轻人的活动衍生出立体共享空间。

Volume Analysis

floor are ≒100,000m^2

Diagram

Creative Volume

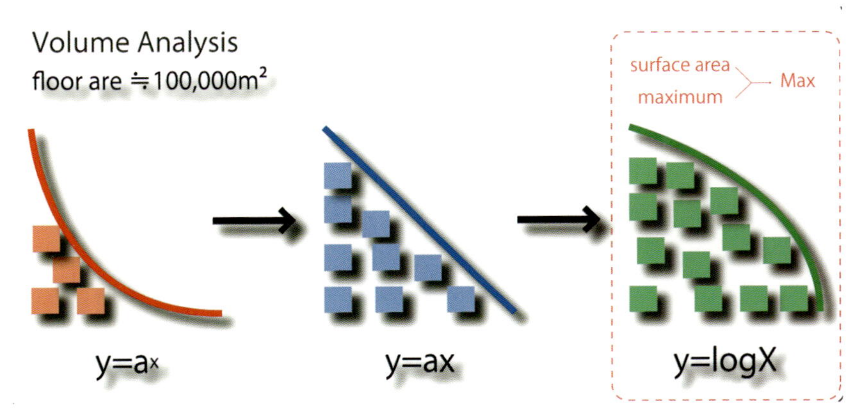

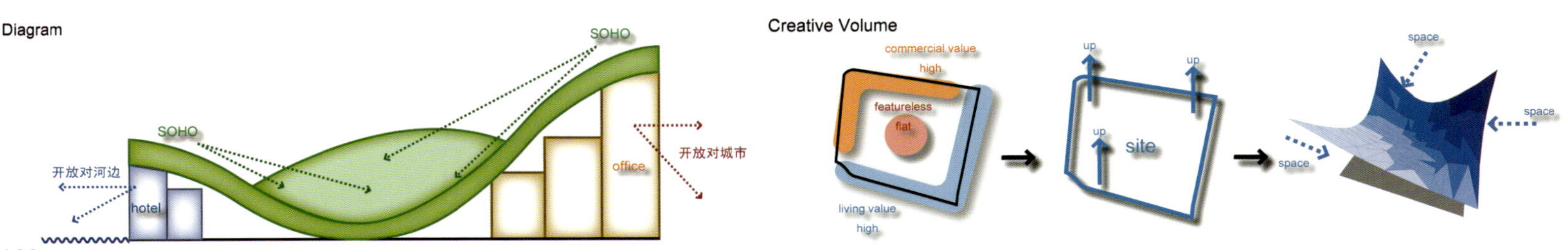

功能规划

（1）LOFT办公（OFFICE）为呼叫服务提供空间和场所。

（2）公寓式办公（SOHO）提供VIP呼叫服务包间及其相关创意型企业的办公空间。

（3）产权式酒店（HOTEL）为呼叫服务从业者提供独立、私密的居住空间和酒店式服务。

（4）商业（SHOP）为呼叫服务从业者提供个性化的商业功能配套。

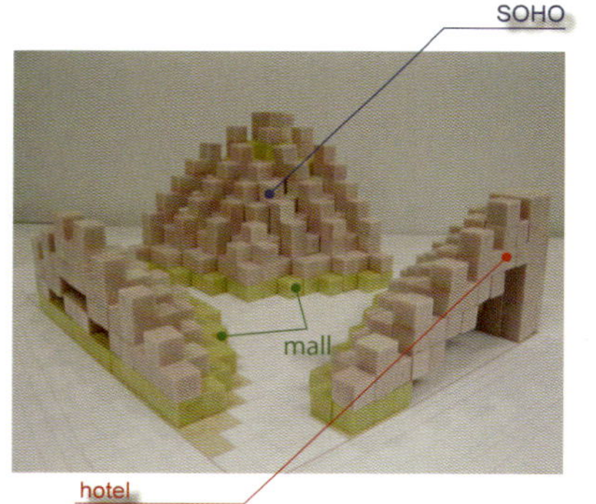

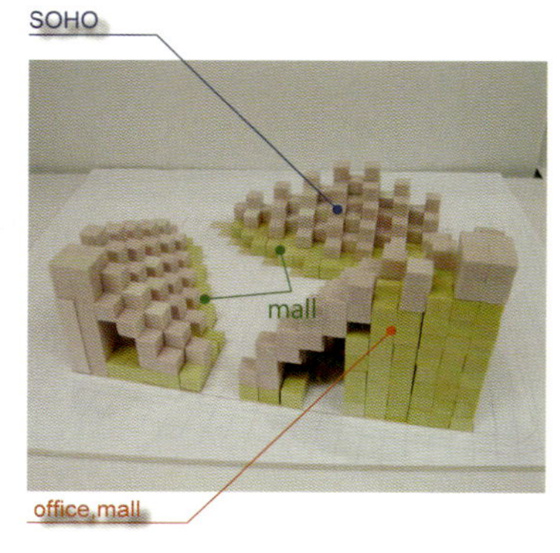

功能布局

规划基地内一共布置了三幢高层建筑，分别位于用地的东北角、西北角和南侧，三幢建筑摒弃了常规的设计方式，采用了开放型的布置，底层商业与沿街道路有多个接口，最大程度引入人流，创造商业气氛。两个主要出入口和中心广场处均设置地下商业的开放空间，不但在狭小的场地里丰富了空间，同时也带动了地下商业的气氛。北角95米高的建筑底层为商业，二层到十八层为LOFT办公与SOHO办公综合体，将SOHO布置在采光、通风良好的南侧表面上；东北角65.8米高的建筑底层为商业，二层到十一层为SOHO办公与HOTEL的综合体，SOHO位于景观、采光良好的南端；南侧63.4米高的建筑底层为商业，二层到十二层均为SOHO办公。三幢建筑的形态都呈面向中心广场退台布置，形成了三位一体的有序整体。

空间布局

本项目的各部功能：在设计中共包括底层商业及三幢高层建筑，其中两幢为办公，包括SOHO与LOFT两种形态，还有一幢为单元房间面积为6.5平方米、10平方米的经济型酒店。商业主体共二层，包括地面一层商业与地下一层商业，底层商业层高5.60米与6.0米，地下层高5.60米，基本以零售商业设计为主，还有一部分健身会馆。

一号楼LOFT+SOHO办公主体为19层，层高4.80米；二号楼经济酒店为13层，南端有部分SOHO办公，层高5.50米；三号楼SOHO办公楼为12层，层高4.80米。三幢楼均为叠落式外观，强调了中心广场空间的向心性，也具有优美的天际线。

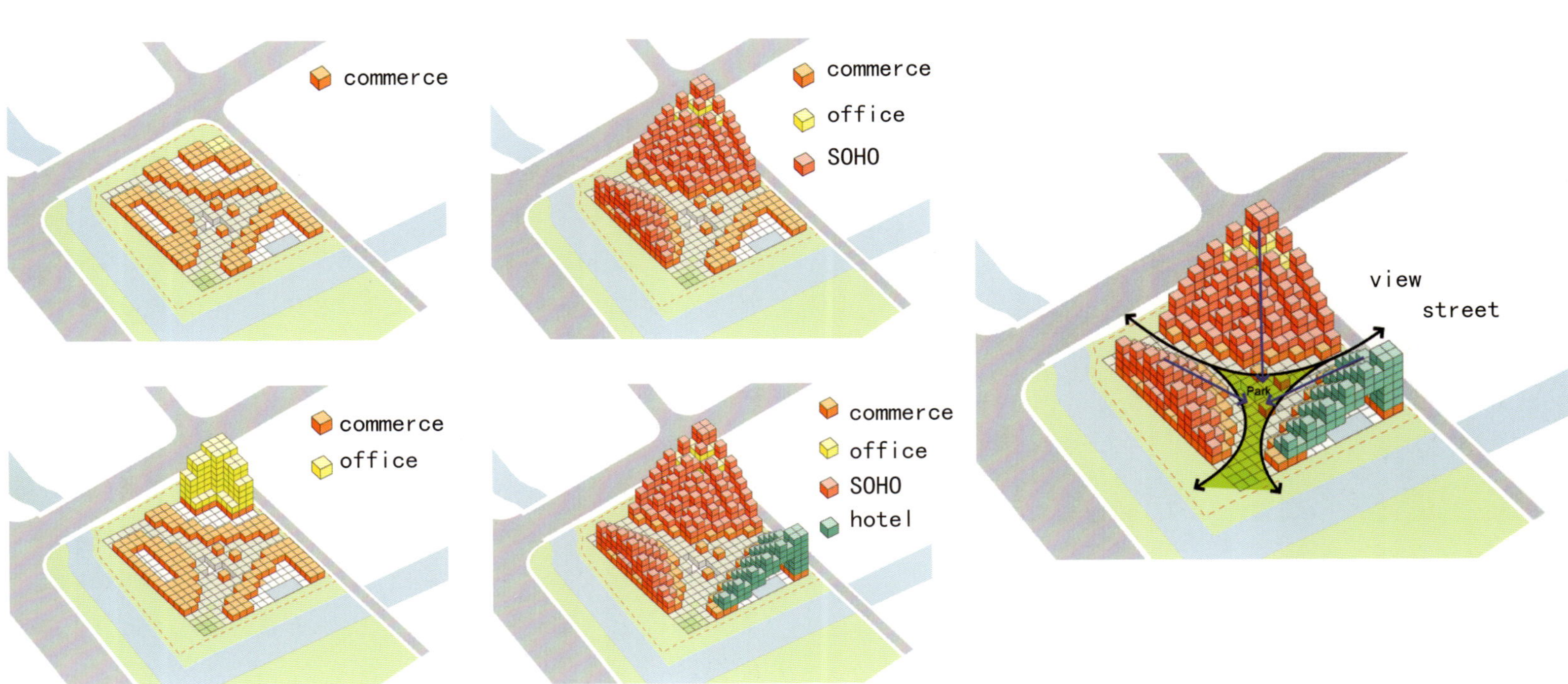

总平面图

（1）规划结构清晰、灵活地组织空间的起承转合，塑造系统、连续的商业街区空间，功能分区明确，各部分联系紧密，方便到达。

（2）充分利用基地东南两侧的自然河道来组织景观，创造小中见大的绿化景观系统。

（3）建筑与建筑围合的中心广场，设置了地下开放空间，布置了80后喜爱的街头篮球场，成为年轻人展示自己的舞台。

（4）地上与地下结合的多层次交通系统，地下商业与地面商业联动的方式，使人流可以顺畅。

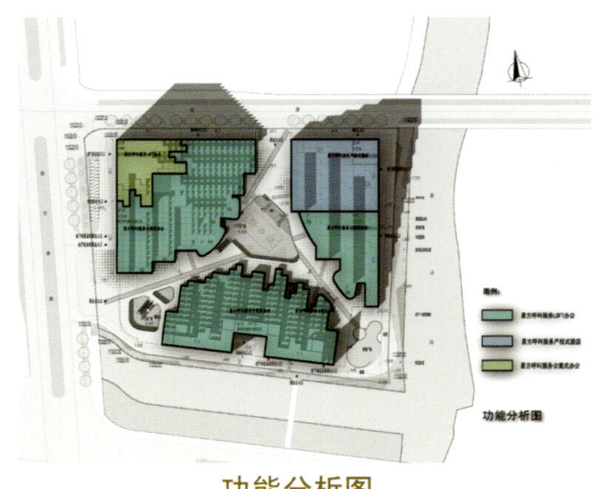

功能分析图

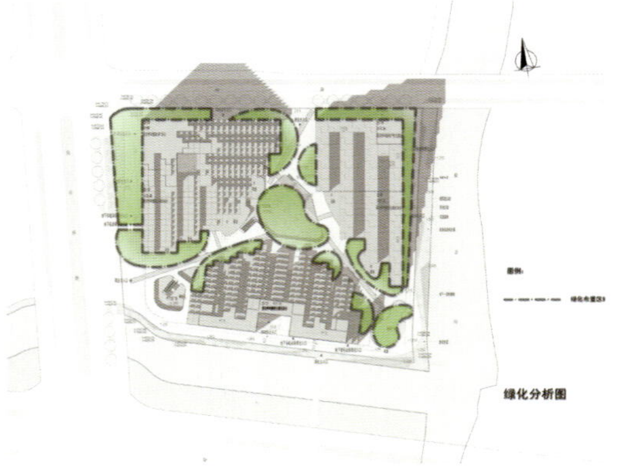

绿化分析图

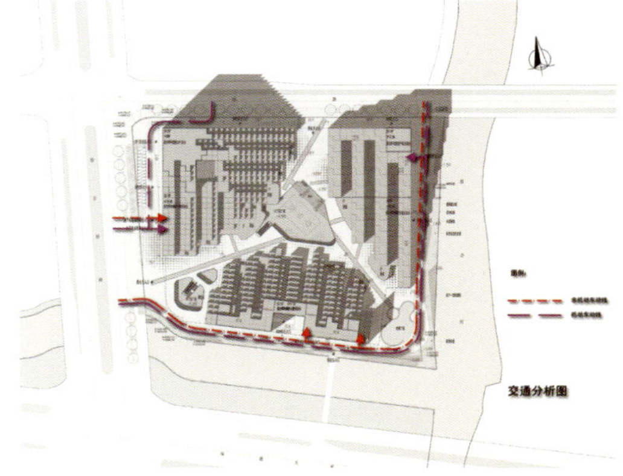

交通分析图

体育分析图

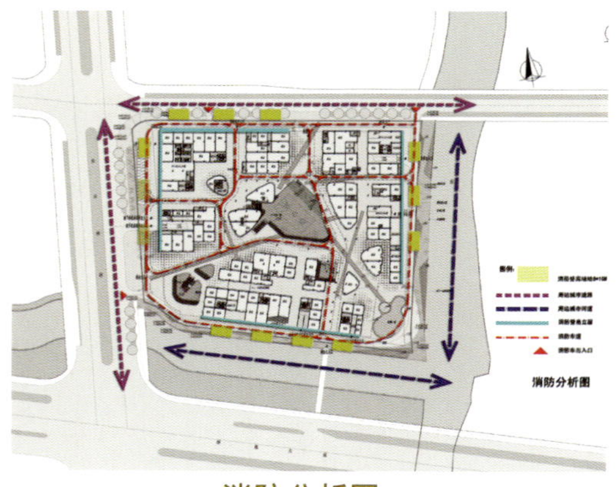

消防分析图

一层商业动线分析图

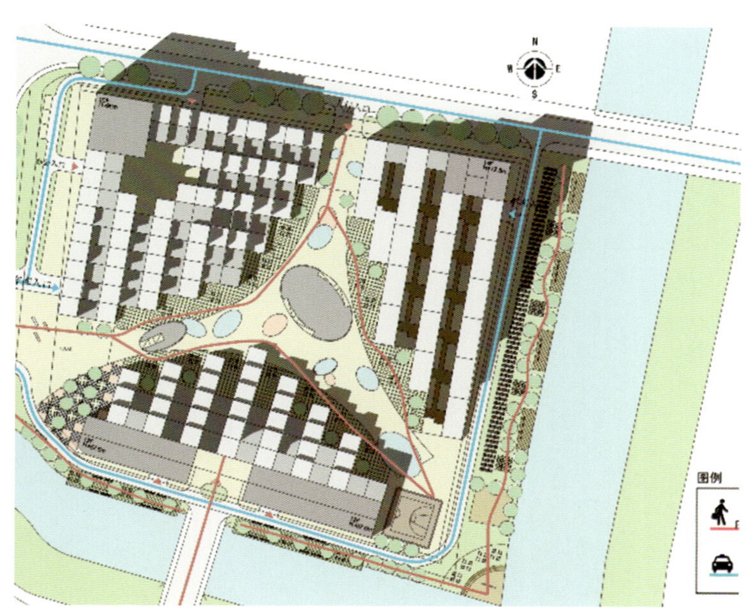

针对产品面向年轻客户群的特点，对地块进行整体设计。沿两条主要道路方向引入两条主要动线，与沿河方向的一条主要动线把用地分成三个主要体量。根据功能分布LOFT办公、公寓式办公、酒店三个部分。

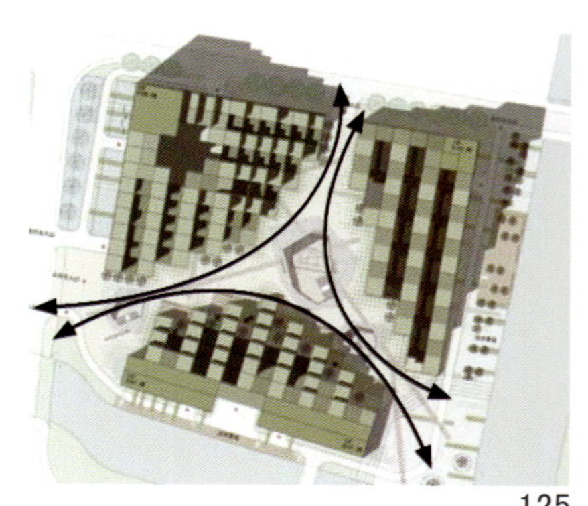

LOFT办公+公寓式办公

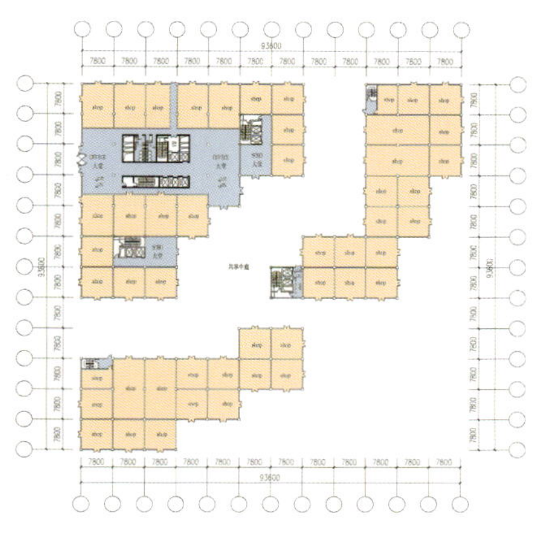

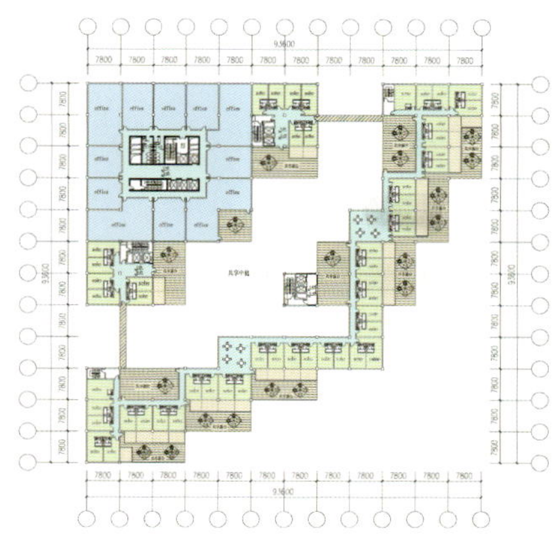

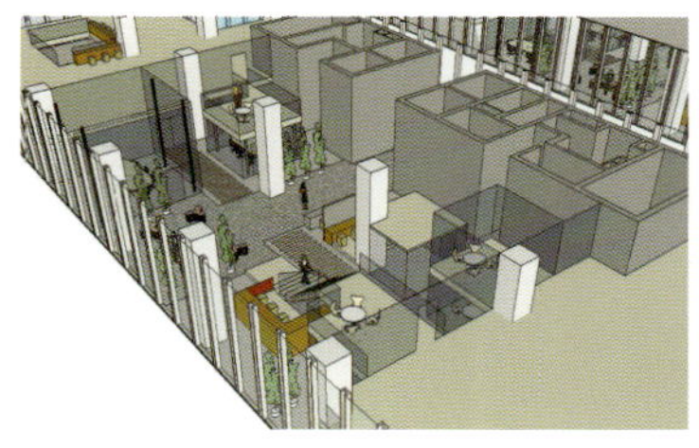

公寓式办公

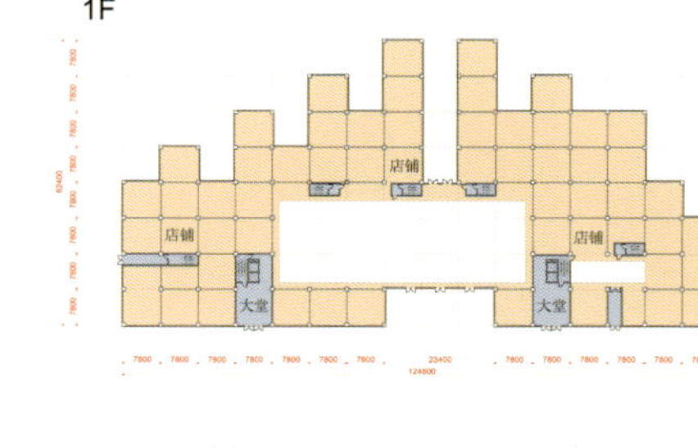

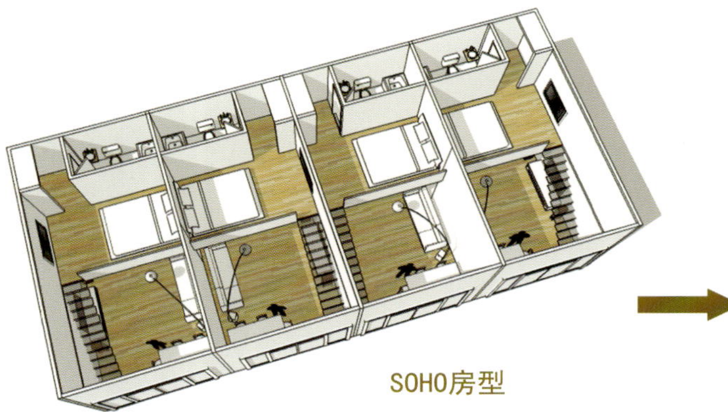

SOHO房型

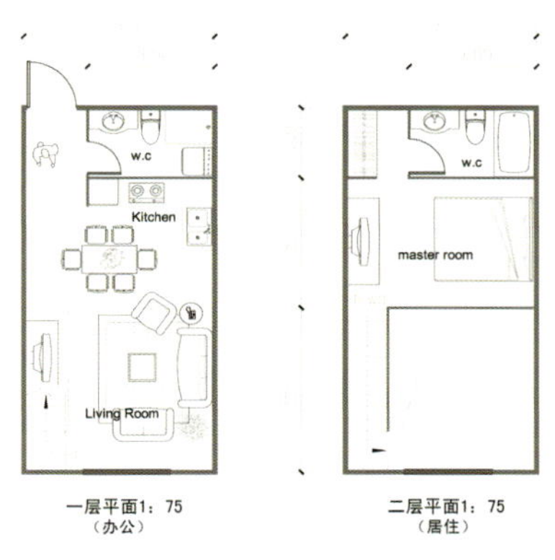

一层平面1：75
（办公）

二层平面1：75
（居住）

产权酒店

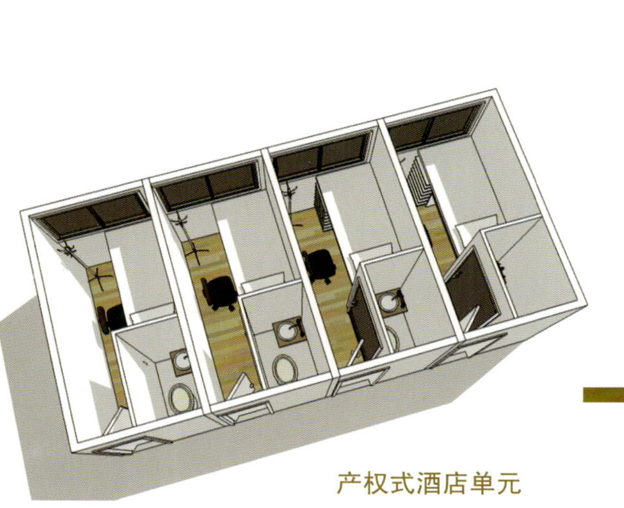

产权式酒店单元

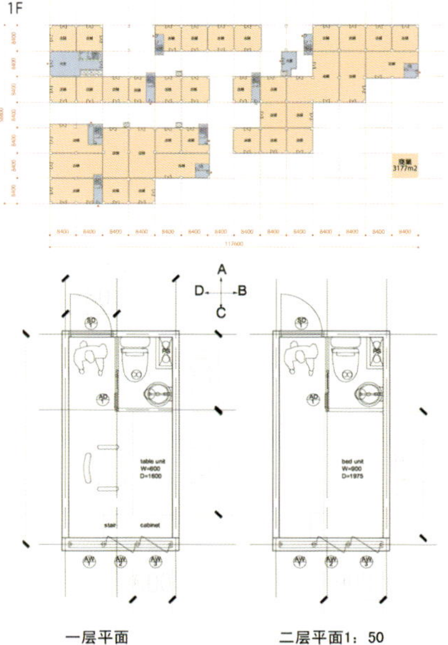

一层平面

二层平面1：50

本设计立足于基地和周边环境的现实条件，力求鲜明地体现现代办公建筑的形象，坚持以人为本、可持续发展和生态的原则，充分利用地形周边现状，合理布局，因地制宜，创造舒适的内外部空间环境，通过丰富的建筑空间层次和建筑形态，形成高效有序、环境优雅、格调清新、富有现代建筑美感的外部形象。

内庭空间分析图

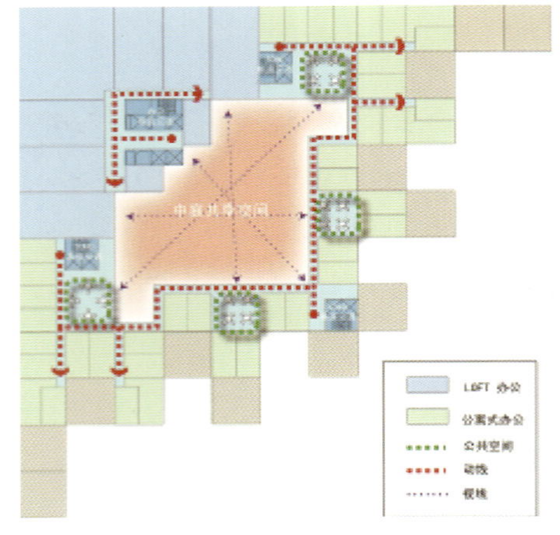

对于山体内部的无效空间，不加以勉强利用，掏空后制造出近百米的令人震撼的大堂，供业主们共享。

每幢建筑也分别设置了过街楼与商业内中庭或基地内中心广场相连，最大限度拓展有效的商业沿街面，形成了场地内部商业人流聚集和洄游的效应，强化了商业经营的要求——人气。车行出入口布置在基地的西南角与东北角，既保证了车行的通畅，又避免了对商业人流的干扰。

景观概念

本案作为易方呼叫中心的产业基地，主要针对年轻一代，尤其是80后及90后的新生代，而进行规划设计的一个集小户型居住、办公、酒店、商业等多种业态于一体的项目。其规划与建筑设计对人们的惯性思维有着大尺度的突破与颠覆，高度符合年轻一代的各种需求特点。呼叫产业园作为一个新兴的服务密集型产业，是一个大量年轻人聚集的地方，同时也是文化拓展与创新的摇篮，本案为了更好地打造这样一个体现都市活力的聚集场所，通过独特的景观理念，将项目所表达的城市文化融入其中。

对于这么一个项目基地的景观设计，设计师在调研80后及90后这一新生代群体的特征后，认为对于80后这一概念不是简单地从年龄上进行划分的，而是以一个人观察世界的角度、心态及其生活方式为基础进行模糊界定的。但设计师跳出专业的范畴去思考这个基地的景观设计的时候，很有意思地发现当下在新生代群体中所流行的“LOMO”和“LOHAS”两个现象恰好是新生代共同特性的两个很有代表性的事物。景观设计由此引发出“Lomoscape”与“Lohascape”两个主要概念。

本案基地在景观上主要分为两大块，一为内部商业景观部分；二为滨河景观带。针对内部商业景观提出“Lomoscape”的概念，针对滨河景观提出以“Lohascape”为主穿插“Lomoscape”的景观元素。

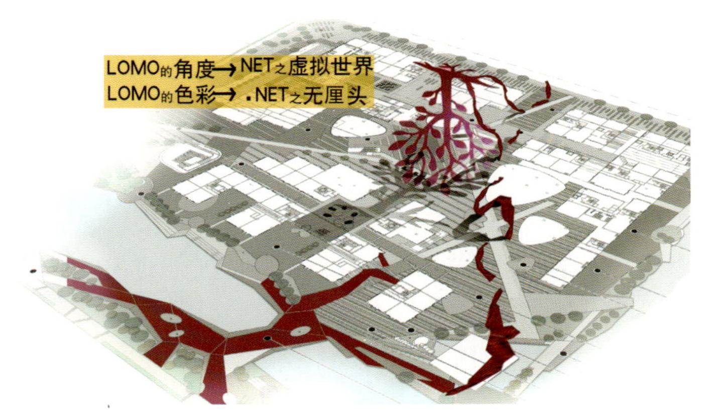

景观平面图

景观总平面

景观绿化分为四种类型：道路绿化（行道树）、广场景观绿化、屋顶绿化及沿河景观绿化带。开敞的空间环境与步行系统有机地结合，可以把绿地与商业街道、线性绿轴等多个开敞空间进行连接、互相渗透，这是一个通透和丰富的空间，包含一系列变化，从起始、过渡、高潮这一过程，体现了公共的秩序感和自然与生活的动感。

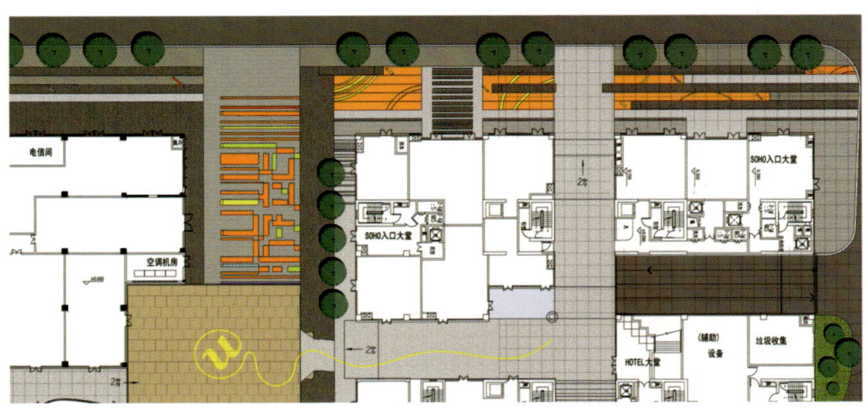

沿街景观

中心广场景观

A区 滨河景观

充分利用基地东南两侧的自然河道来组织景观，创造小中见大的绿化景观系统。

在桥的设计概念上进行突破，把桥进行场地化设计，形态语言更为80后缩短桥的交通性功能的长度。但是同时扩大了桥的场地空间的延展面，提供更多样化的体验过程，与河道景观带融为一个整体的同时形成一个强有力的磁性中心。

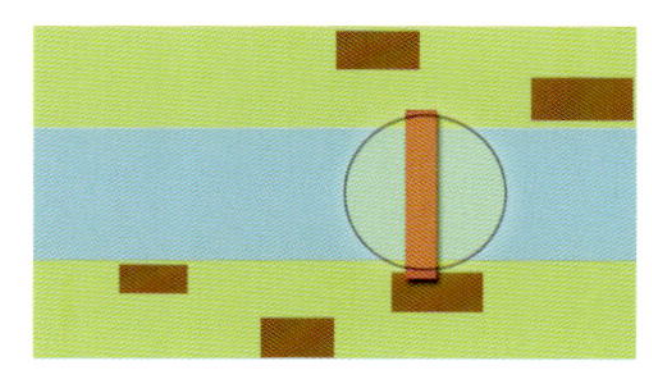

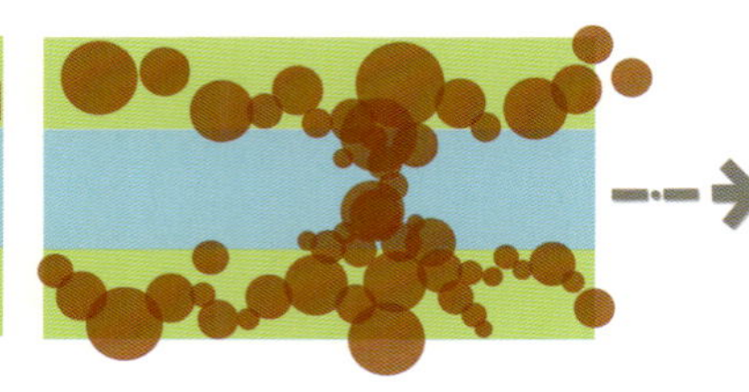

常规桥的设计只能成为滨河景观带的一个点缀的点状景观。

突破常规，把桥体场地化，把场地桥体化，使桥和滨河景观场地融为天衣无缝的一体。

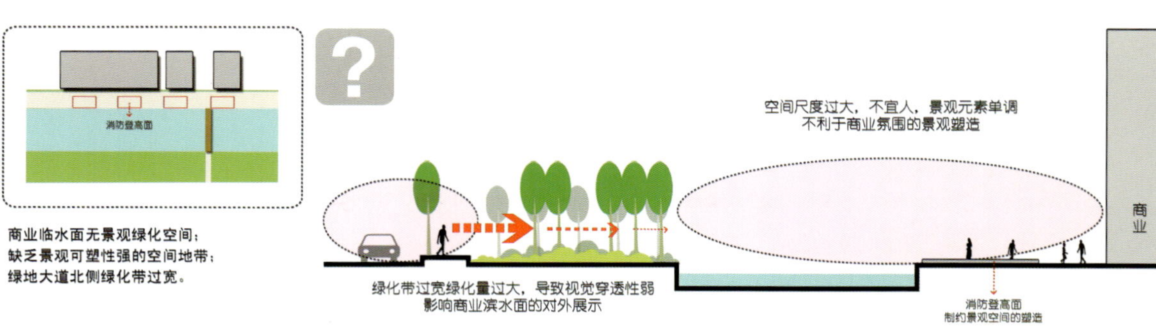

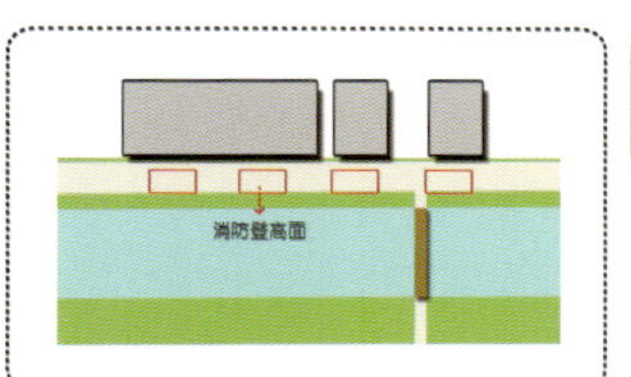

创造景观可塑性强的空间地带
丰富商业滨水界面的景观；
缩小绿地大道北侧绿化带。

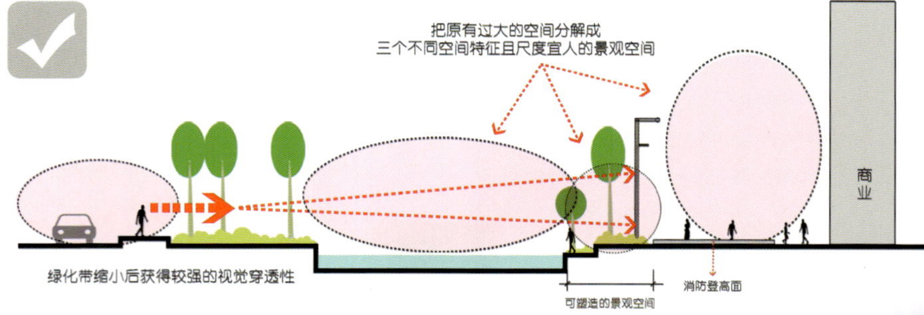

B区广场景观

建筑与建筑围合的中心广场，设置了地下开放空间，布置了80后喜爱的街头篮球场，成为年轻人展示自己的舞台。

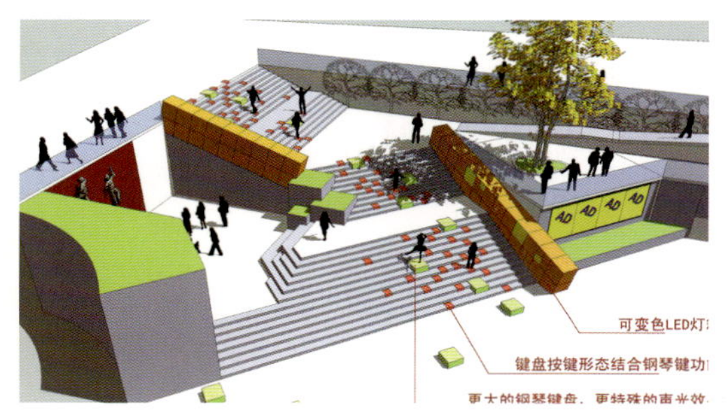

C区沿街商业景观

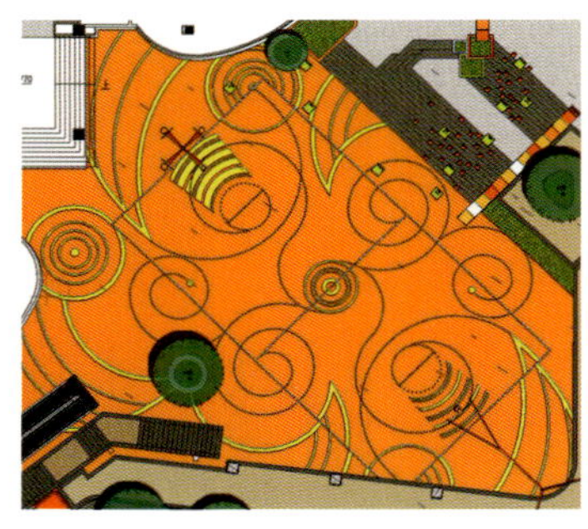

中心广场特色铺装

底层商业与沿街道路有多个接口，最大程度引入人流，创造商业气氛。两个主要出入口和中心广场处均设置地下商业的开放空间，不但在狭小的场地里丰富了空间，同时也带动了地下商业的气氛。

项目建筑实景

正值四月天，项目工地上依旧如火如荼，施工进程只有50%左右。待到明年春暖花开的时候，项目也应该完工了，会是一个小桥流水、灯光陆离相得益彰的时候。这里的灯光可以随设计心情、天气、季节甚至白昼黑夜的转换来变换色彩以及强弱。悬空的卧室被设计得好像一个大吊灯，睡在里面依旧可以很好地感受外面的光照变化。整个社区的亮点除了体现在风格上的之外，其次便为“住在这里的年轻人，虽然每个人有自己单独的空间，却是彼此紧密联系的，一点都不孤单”。因为在建筑内部，他们可以选择在走廊或大堂的公共空间一起看CNN、NBA，社区里也有足够丰富的运动和文化场所;从营商角度而言，年轻人同样可以在这里进行商务会谈，因为整个社区就好像是一个大的展览中心，很自然地成为开放式的信息产业园。

花桥施工现场一角

项目室内实景

如今房地产市场的房型设计存在很大问题。房间一味地追求面积大，却忽略了自身功能与利用率的最大化，导致空间、资源的浪费。所以开发商开发楼盘的时候应该考虑市场的细分，针对特定的人群设计符合他们的产品。“他们是新上海人，希望在上海实现自己的价值;他们刚刚大学或研究生毕业，下了班仍然待在办公室;他们租住的房子大多条件较差，想买房却只能望着房价兴叹;他们是80～85后。”经济的制约让他们的居所大多老旧沉闷，长此以往，他们的梦想被抑制，他们的行动受阻挡。为了这样一群年轻人的梦想，“青春呼叫转移”应运而生。

“我们的理想是办公场所不再是一个压力制造厂，希望年轻人愿意留在办公室里，在办公室他们同样可以找到乐趣。”——上海恒地锦亭房产开发有限公司董事长、昆山城开锦亭置业有限公司总经理曹毅敏曾在接受《东方早报》记者采访时这样说过。

在这里，曹毅敏将私密性与共享性做最大化的融合，为年轻人寻找共性，保留个性。譬如洗浴是一件非常私密的事情，而睡眠也一定是每天必须做的事，所以即使在5平方米的空间规划中，也会保留明亮的盥洗室和舒适的睡眠区域。反之，许多休闲活动或每天低于50%的可能出现的动作，就会被外移到公共区域内。这样的设计，不但最大化地节约了成本，减少了不必要的空间浪费，另一方面也增加了社区间人与人的交流。通过更多的碰撞，让青年人在社区中相互了解，成为朋友。曹毅敏主张的是：青春不仅仅是奋斗，还可以是享受。个性的张扬、共性的参与和分享将是这个项目的符号，未来青年人的生活将在这里开始演绎。(室内设计：MRT DESIGN)

重庆高九路总部经济基地

项目名称：重庆高九路总部经济基地

设计公司：英国合乐集团

占地面积：315 370平方米

基地区位

本项目位于渝中区西部，靠近沙坪坝区沿高九路两侧，占地315 370平方米，在城镇空间结构上处于渝中组团、观音桥—人和组团、沙坪坝组团和大杨石组团交界处。距离中央商务区9千米。基地周边的主、次干路网为交通的高效集散提供了基础：基地周边优越的公共交通条件（轨道交通和BRT）将有效促进交通的快速集散，并为可持续交通网络的构建提供了基础。

合乐集团简介

英国合乐集团是国际知名的综合规划设计咨询公司，在全球60多个国家和地区拥有分公司，并拥有超过8 000名专业技术人员。上海合乐工程咨询有限公司（Halcrow Shanghai Enginnering Consulting Co., Ltd）成立于2002年，是英国合乐集团在中国投资设立的机构，全权负责合乐集团在中国的规划和建筑设计业务。目前拥有各类专业人员50多人，公司通过快捷有效的合作机制为客户提供国际化的高水准设计服务。

合乐上海公司成立至今，在中国卓有成效地完成了上百个规划和建筑咨询项目，本着以客户需求为导向、以国际化合作为准则的运营理念，公司与各级政府、投资发展商、建设和运营机构建立了良好的合作关系，确保将国际先进理念带到中国并契合于本地具体项目。目前，合乐公司已成为中国市场颇具规模和经验的国际化综合性顾问咨询公司之一。

合乐集团致力于提供“多元整合”的设计咨询业务，凭借在城市规划、城市发展策划、城市设计、建筑学、环境工程、社会学、交通运输、经济学、数学、计算机、GIS及图形设计等领域的400多位专家学者以及与国内资深的设计团队快速和有效的合作，充分发挥各专业优势，进行多元优化组合，以为业主提供最优化的咨询设计成果，进入中国市场以来合乐公司凭借“多元整合”的设计战略，近年来在各项国际竞赛和咨询项目中颇受好评并赢得了骄人的业绩。

城市肌理

项目所处区段由于受到地形因素影响，周边建筑肌理关系凌乱，建筑高度分布缺乏规律，无法有效形成统一的城市界面及整合的山城天际线。基地地形复杂多变。建筑基地南部地势平缓。北边基地为自南向北下降的坡地地势，较为陡峭。总用地范围的地势呈现自西向东倾斜向下的趋势。

基地现状

基地位于高九路渝中区段，地块被高九路分成南北两大块。北地块地势相对陡峭，现状为闲置空地以及植被茂盛的天然绿地。整个北地块拥有极佳的嘉陵江江景。高九路转盘以南穿过南地块的歇虎路正在修建当中。地块现状周边主要为一些住宅和临时建筑。南北地块之间的4S店显得尺度巨大。

开发策略

机遇与挑战并存，积极携手构建金融联合体，确立共建长江上游的金融核心区渝中区“建设长江上游地区现代服务业核心区和总部经济基地”的战略地位。

开发目标

衔接城市片区、重视现代服务业文明、核心化的战略资源。

开发定位

重庆正在转身谋建长江上游的金融中心，依托西部大开发战略，通过区域核心功能的不断提升、不断裂变和不断扩散带动周边区域的不断发展，形成以现代服务业为主导的产业体系。

设计理念

森林中的重庆，建筑上的森林。

本案作为渝中半岛山脊区域的标志性建筑群，以重庆山水为出发点，通过建筑群的整体形态设计，强化重庆城市的地域性特色，与重庆的地形地貌景观相契合，增强其区域的标志性。本案设计中提出森林中的建筑，意即利用北部区域山形陡峭，地块内部植被茂盛的特点，建筑充分结合现有地形跌台错位布置，并通过景观造林，形成建筑与基地的融合。

南部区块，合乐集团提出建筑上的森林这一立体景观设计策略，利用建筑屋顶、空中中庭及建筑边庭进行绿化景观布置，建筑自身成为一个竖向生长的森林，表达对自然的尊重，也为使用者提供了更为舒适的办公环境。

布局上遵循的原则

总平面图布局的均好性、共享性；不同特点的楼型在布局中合理分布，体现山地特色，尊重地形、地貌，营造富有现代特色且充满动感的环境景观；具有品位、体现重庆脉络和总部企业特点的建筑形象；便利高效的企业展示服务和配套设施；高效、安全、清晰的人车分流体系。

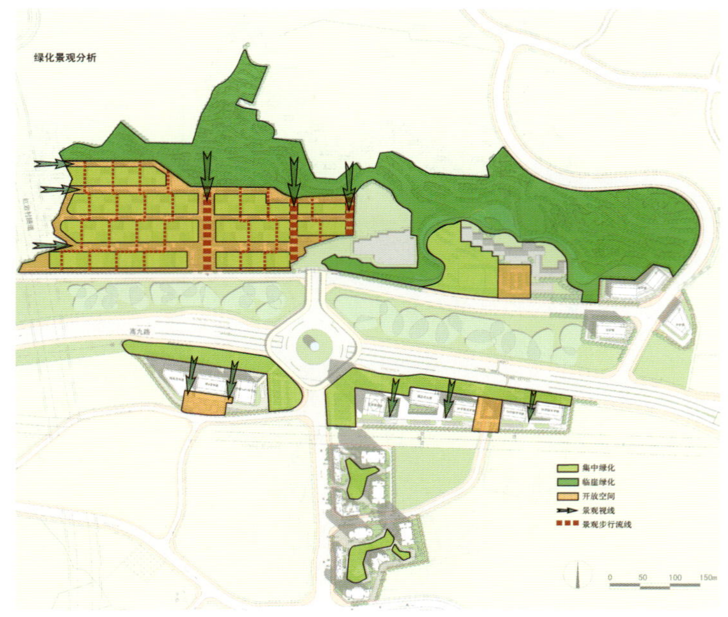

绿化景观

设计强调以现有山地景观为主体，建筑为辅，凸显景观的最大化。以绿环将各建筑组团相互串联形成一体化景观。

建筑设计

北区独栋办公为新亚洲主义风格，以具有浓厚重庆地域特色的传统文化为根基，将传统意境和现代风格对称运用，用现代设计来隐喻中国的传统。南区写字楼群为Art Deco建筑风格，强调建筑的高耸及挺拔，给人以拔地而起、傲然屹立的非凡气势，表达出不断超越的人文精神和力量。通过新颖的造型、艳丽夺目的色彩以及豪华材料的运用，成为一种摩登艺术的符号。

总体规划

规划结构

北区西北面为独栋企业总部、多层办公楼、高层办公楼。东面为综合商住楼。中部为公园绿地。南区沿高九路为写字楼群，西面为5A甲级、精品及创新LOFT写字楼。中部为商业、五星级商务酒店、酒店式公寓和5A甲级写字楼。南侧临歇虎路为配套住宅区，底部为临街商业及幼儿园等。

交通分析

车行交通的处理上，考虑到高九路为快速干道，建筑车行入口设置于城市支路。利用基地周边形成可供各建筑内部使用的车行环道，减少对主城市干道的交通压力。人行交通结合各功能体进行布置，环形天桥连接南北两个区块。

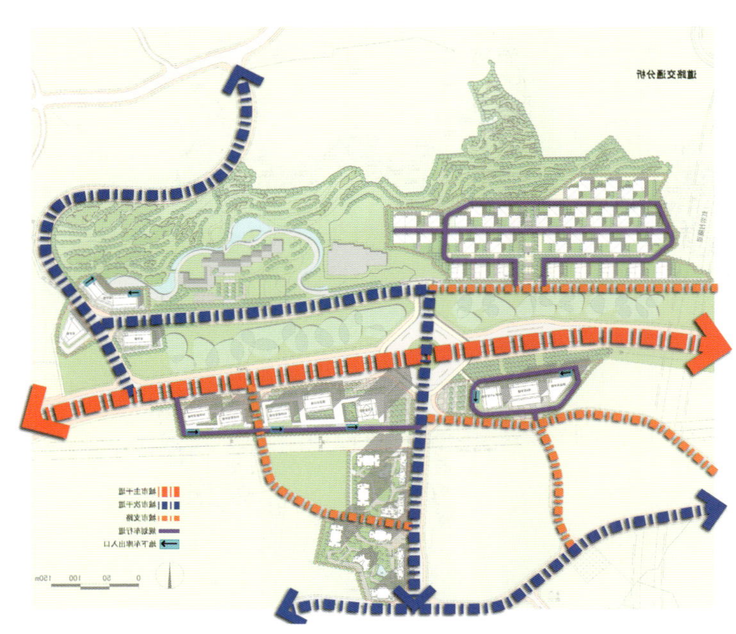

浙江象山
东海国际商城

设计公司：英国合乐集团

东海国际商城项目基地位于象山市象山港路南侧人民广场东侧地块，总占地面积约78 300平方米。规划设计拟配合当地政府发展策略，将基地开发建设成高档住宅楼盘区、星级酒店、城市游泳馆、大型综合业态商业城市综合体，使之成为象山未来城区的目的地型消费中心和地标地带，容积率预估为3.83，地上总建筑面积约为300 000平方米。商业以大型SHOPPING MALL为核心，创造大型中庭式商业体，结合SHOPPING MALL，南部相对独立地规划了游泳馆商业综合体，其一至二层为游泳综合馆，每年可举行正式赛事，平时作为健身俱乐部的一部分，场馆不仅可以作为游泳功能，通过综合设计还可增加更多复合功能，如篮球及羽毛球馆，还可进行产品特卖、大型商业活动等。三四楼拟规划为KTV、儿童游乐中心等大空间商业业态。

SHOPPING MALL东北侧规划为酒店式公寓与星级酒店综合双子楼，从功能上看，两大功能为分层布置。居住的人性化设计是实现房地产经济效益、社会效益和环境效益的保证。在规划的整体格局中，强调南北商业用地与住宅用地的明确分区，以立体式交通连接两大片区，以自然生态为依托，把多元的立体环境要素加以综合并成为整体的环境意识和观念，这正是东海国际商城项目的规划理念。

BISOU BISOU
INCREDIBLES
CITYMARKET
Ermenegildo
Zegna
VERSACE
Dior
Master Banwei Brown Cafe

Jonason
LONDON FOG

HBA设计的

上海外滩英迪格酒店

开创兼收并蓄、亲切和谐的海派新风尚

由享誉国际的室内设计公司Hirsch Bedner Associates（HBA）一手打造的上海外滩英迪格酒店（Hotel Indigo Shanghai on the Bund）最近惊艳亮相上海。该酒店是洲际酒店集团旗下亚洲首家英迪格酒店，HBA的创新设计兼收并蓄而又亲切和谐，体现了上海东西交融、海纳百川、面向未来的城市精神。

HBA 简介

HBA 呈献充满创意且别具一格的设计方案，既能巧妙运用本地元素让每个项目独一无二，给人非凡体验，又能满足来自全世界独具慧眼的高端旅客的需要，使其赏心悦目。HBA 负责的项目遍及全球 80 多个国家，客户包括国际最顶尖的品牌集团。

HBA 设计的空间均融汇传统感觉、创新意念、精湛制作与时尚前卫。HBA 在全球设有 13 间国际办事处，旗下设计师拥有无可比拟的专业知识，同时对艺术保持不懈追求，认真对待每一个项目。HBA 不断拓展至美空间，设计出一个个瑰丽异常、充满创意的项目，不断创立兼具奢华与舒适的全新标杆。

酒店的大堂入口堪称上海最引人注目、最具戏剧性的大堂入口，反映了Hotel Indigo在黄浦江的地位以及品牌对自然环境、循环再用以及生态敏感设计的承诺。

英迪格酒店（Hotel Indigo）简介

英迪格酒店Hotel Indigo® 2004年在北美面世，并于2008年进军亚太区市场。英迪格酒店目前于全球迅速拓展，已开设了28家酒店，另有超过59家酒店正在筹划中。2008年，Hotel Indigo London Paddington开业，为欧洲首家Hotel Indigo。

英迪格酒店为宾客呈献精品酒店体验，使其尽享宁静身心。凡是下榻英迪格酒店的客人还可以获得洲际酒店优悦会Priority Club • Reward奖励计划积分。这一品牌开创了全新的酒店理念：为高端旅行者提供富有个性，融汇本地历史、文化和自然精粹的独特体验。

Moore先生补充说：“宽泛的本土风情通常是缜密的酒店设计的一种标志，而在外滩英迪格酒店这个项目中，HBA对本土风情进行了细致入微、丝丝入扣的全新诠释。这种本土风情不是某个国家的，甚至也不是某个城市的，而是一种具体到里弄的独特风情。”

英迪格品牌的理念是呈献融汇本土特色的精品酒店，让宾客产生与当地社区紧密相连的亲切感。HBA为了使这家英迪格亚洲旗舰酒店实现这一愿景，精心打造出了一家“拥有独特个性”的酒店，设计遍及酒店的180间客房，当中包括21间江景套房及两间宽敞的花园露台套房。

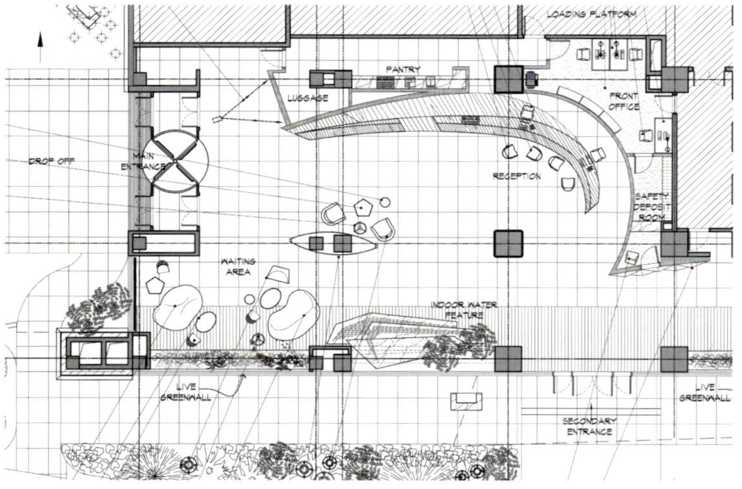

负责这一项目的HBA首席设计师Andrew Moore表示：“历史上，黄浦江对于上海的商贸繁荣与沟通交流产生了巨大的影响。上海外滩英迪格酒店的设计就是要体现浦江之畔上海里弄的独特风情。”

HBA的设计兼收并蓄，亲切和谐，使酒店与毗连的黄浦江以及近在咫尺的十六铺码头紧密相连，水乳交融。十六铺码头曾是上海旧日的门户，一个繁荣的航运和贸易中心。当年，成千上万的欧洲侨民和来自中国各地的移民就是在此上岸，促进了上海这个国际都市的崛起和发展。

HBA选择原钢、混凝土、外露砖及抛光石膏等富有张力的基本材料为大堂进行装潢，令人不禁联想到这一空间是从码头旁的滨江阁楼改建而来的。而开放式隔室与清水混凝土天花便进一步增强这种效果，并配以全日色彩幻变的灯光。

右下是整个英迪格酒店的平面图，其余是酒店的餐厅，整个餐厅看上去鲜艳明亮，色彩丰富。

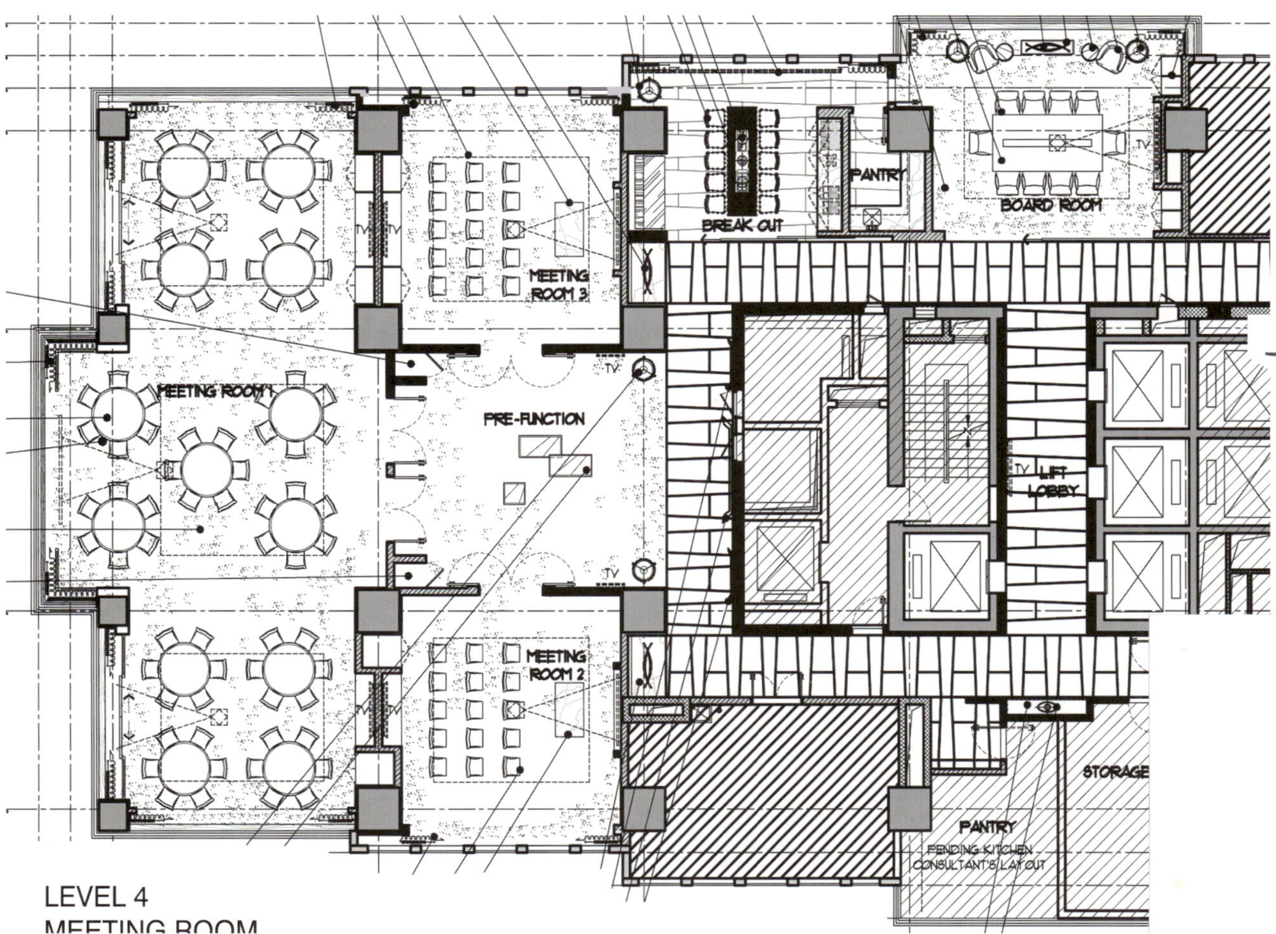

LEVEL 4
MEETING ROOM

HBA设计的这一亚洲首家英迪格酒店，使英迪格品牌成为雄踞上海外滩十六铺这一充满近现代历史风云的时尚新地标，并且为未来的英迪格酒店树立了一个可以借鉴的标杆。

客房与大堂如出一辙，呈现出一种自然色调

外露的上海灰砖、磨耗效果的灰色嵌板、抛光石膏墙和帆布。与之产生强烈对比效果的是色彩鲜艳跳跃的地毯。

中式灯笼、传统家具、陶瓷和古董等兼收并蓄、机巧别致的工艺品和家具带来老上海的感觉。带顶棚的睡床为原创设计，灵感源自传统中式婚礼所用的喜床，经当代手法重新演绎。

Moore 先生指出："我们在本地集市发掘到不少绝妙的家具。就拿一个十分有趣的落地柜来说吧，我们把它修复，然后喷上新白色搪瓷，让它看起来既旧又新。"此柜更被大量复制，用于每间客房之中。其他家具则体现生态敏感性：每间客房所用的家具虽各有不同，却悉数采用环保材料。

左边是客厅一角，可以通过窗户看见上海的夜景，右下是个性沙发特写。

偌大的浴室设有一堵镶在抛光钢框中的玻璃墙，望向黄浦江；并设开放式湿区，当中附设配上长方形瓷面盆的简约盥洗台，营造当代风尚；而独立浴缸也同样时尚摩登。

HBA这一创新设计古今交织，堪称奇迹。呈现在世人面前的是一个充满年轻活力、符合当代潮流、蕴涵无限灵感的极致空间。这一空间从上海的历史走来，并将开创上海未来设计的新风尚。（感谢嘉希传讯代表Hirsch Bedner Associates 发布）

右上是洗漱池，右下和左上是浴室一角，左下是浴室放用品的凳子。

THE RITZ-CARLTON
SHANGHAI, PUDONG

上海浦东丽思卡尔顿酒店

2010年6月1日，上海丽思卡尔顿酒店集团正式开业，进一步巩固其作为中国区领军奢华酒店品牌的地位。

上海浦东丽思卡尔顿酒店简介

酒店雄踞上海浦东陆家嘴金融贸易核心地带的上海国金中心，作为上海第二家丽思卡尔顿酒店，酒店拥有285间豪华舒适的客房和套间，4间风格迥异的餐厅及1个酒吧。

上海浦东丽思卡尔顿酒店和香港丽思卡尔顿酒店分别在2010年6月和年底前开业，这标志着丽思卡尔顿酒店集团在中国区拥有8家豪华酒店及度假村。同时，丽思卡尔顿集团也是唯一一家同时在北京和上海分别拥有2家酒店的管理集团，另有2家坐落于中国的门户城市——广州、深圳，而旗下首家中国区度假酒店坐落于炙手可热的海南省亚龙湾——中国最受欢迎的度假目的地。

博瑞恩先生(Mr. Rainer Burkle)于去年6月被丽思卡尔顿酒店集团公司任命为上海浦东丽思卡尔顿酒店总经理，现正负责酒店的全面管理事务。此前，博瑞恩先生(Mr. Rainer Burkle)自2007年8月已经出任丽思卡尔顿酒店集团区域副总裁，专门负责集团在中国的各酒店的发展和运营。其间曾兼任上海波特曼丽嘉酒店总经理长达两年之久。

金轩中菜厅是香港的著名设计师梁志天先生(Mr. Steve Leung)的得意之作，它位于酒店的53和55层，室内装潢和沪城美景相互辉映，趣意盎然。金轩绝对是城中社交名流、商务显达的不二之选。

菜谱以地道粤菜为主，伴以各省精选名菜。而精妙的地方更在于其对茶道的讲究，这里根据客人点选的菜式，提供有最好的茶叶搭配，并全以热壶侍奉。

金轩大厅可同时容纳52位宾客就餐。6个独立私密包间则一共可容纳64位宾客。2个豪华贵宾厅可供40位宾客宴客用膳。餐厅还特设中国茶廊，可供18位宾客品茗。

SCENA位于酒店52层，是由日本著名设计公司Super Potato精心装潢的意大利餐厅。餐厅的部分天花和墙壁采用随意中空设计，让客人置身于一种幸福、亲和细致的用餐氛围中，流连忘返。

而餐厅的灯光效果更是一大亮点，其内藏在天花及墙壁中的15部投影仪将餐厅气氛塑造得罗曼蒂克，温馨动人。

SCENA提供城中最佳的意大利轻松美食，全日供应各款时令单点菜肴、套餐、自助早餐和其他进餐时段的自助餐。餐厅厨师烹调的意国餐以简约著称，严选最新鲜的进口食料，精心烹调。同时，意大利葡萄酒的选择琳琅满目，配以意国地道餐前美点、柠檬酒、意大利白兰地酒，凡此种种，让宾客真正体验到意大利美食的真谛。

SCENA主要用餐区域能容纳128位宾客。如需要更多私密空间，餐厅可提供16个座位的豪华贵宾房。同时，吧台周边也可容纳6位宾客。

AURA酒廊及爵士酒吧位于酒店52层大堂，它内部当代风格十足的装潢配以细腻的艺术装置，简直就是向二、三十年代风行一时的装饰艺术致敬。AURA绝对是与朋友茶聚或商务宾客洽谈业务的理想场所。宾客可以一边享用美点饮料，一边沉醉于午后的现场悠扬奏乐中，或于夜幕低垂时，怀揣着浪漫心情，在现场爵士乐烘托的背景下，开怀畅饮。

这里的气氛如玫瑰人生般绚烂，宾客在此可尽情享用限量版雪茄，这里更有全国最齐全的香槟藏酒以及各色麦香威士忌。

丽思卡尔顿酒店集团亚太区副总裁Mark DeCocinis先生表示："我们非常荣幸能够在中国区奢华酒店市场中建立如此强大的领导地位。早在12年前，当丽思卡尔顿首家酒店在华开业时，我们便意识到了中国市场的战略性重要意义，而如今，事实一次又一次地证明了我们当年决策的正确性。去年，我们在中国区的酒店已经接待了600 000名国内客人。"

"我们致力于将新开业的2家酒店打造成世界顶级酒店，以此巩固丽思卡尔顿酒店集团在本区域乃至全球领军豪华酒店管理公司的重要地位。这2家酒店均由亚洲领先的地产发展商新鸿基地产发展有限公司开发，新鸿基地产打造了卓越的综合开发项目，从豪华购物商场、办公楼、住宅区到酒店，其中知名的香港九龙环球贸易广场以其国际一流的物业水平得到公众认可。能够拥有如此出类拔萃的合作伙伴，我们倍感荣幸。"

上海浦东丽思卡尔顿酒店雄踞于浦东金融贸易区核心地带上海国金中心一期大楼的18层楼里，拥有285间豪华舒适的客房和套间。新颖时尚的设计风格恰到好处地阐释了20世纪30年代老上海装饰艺术风格与现代感的完美结合。而所有客房及餐厅均可饱览上海外滩美景——这里拥有全世界最丰富的装饰艺术风格建筑群。

FLAIR餐厅酒吧位于上海浦东丽思卡尔顿酒店顶楼58层，是上海最高的户外餐饮场所。它由日本著名设计公司Super Potato精心打造，餐厅酒吧内部将原木拙朴的气质与当代设计理念混为一体，营造出一种现代空中阁楼的气氛。

上海浦东丽思卡尔顿酒店拥有50至400平方米不等的客房及套房，以及富丽堂皇的丽思卡尔顿套房。其中有三层为行政楼层。每间行政客房均可享用位于49层的行政酒廊。酒店另设有Sky大堂、大堂酒廊、中餐厅及由世界著名设计师Super Potato倾力打造的意大利餐厅，独特的顶层餐厅酒吧是宾客休闲、商务会谈及朋友小聚的时尚生活选择。

酒店1 135平方米的大宴会厅可最多容纳1 200位宾客，另外还拥有三个会议室。上海浦东丽思卡尔顿酒店可承办各式大小型会议，专业的世界级技术设施及卓越的丽思卡尔顿传奇服务更是锦上添花。另外，位于酒店55层的丽思卡尔顿ESPA水疗拥有10个理疗室。宾客更可流连于上海国金购物中心，尽享Louis Vuitton，Gucci及更多时尚品牌，体验无限购物乐趣。上海浦东丽思卡尔顿酒店加上上海波特曼丽嘉酒店,为宾客在沪城的住宿提供了更多选择。

酒店所有会议设施和多功能厅都集中位于3楼，由在国际上享有盛名的设计师Richard Farnell先生精心设计，他匠心独运，设计极富戏剧舞台效果，更融合了20世纪30年代著名上海装饰艺术的元素，配搭美轮美奂，与众不同的酒店会议和宴会装潢，气派非凡，让人耳目一新。

所有会议及宴会空间均设置落地玻璃，客人在其中可享有自然采光。大宴会厅的入口设计同时具有戏剧和行政配搭效果；宽敞明亮的大宴会厅，顶端点缀着上海滩华贵场所的琉璃光烛灯，华贵而不落俗套；整个空间可根据宾客不同的需求，划分出三个独立的沙龙空间。这个无柱多功能空间楼顶上限为7.4米，可容纳840位客人同时用餐。另外，酒店3楼也同时提供三个多功能会议室、董事会议室和商务会议室。

在这里，宾客们将能够享用世界顶尖会议技术和设施，以及由酒店专业服务团队为不同活动个别打造、精致到位的贴心服务。

丽思卡尔顿酒店集团公司简介

丽思卡尔顿酒店集团公司总部位于美国马里兰州Chevy Chase，目前旗下拥有73家酒店，遍布美洲、欧洲、亚洲、中东、非洲及加勒比海地区。全球还有超过30个酒店及公寓项目正在进行中，其中包括迪拜金融中心、阿拉伯联合酋长国、中国上海浦东和香港九龙等地区的项目。丽思卡尔顿酒店公司以其享有盛名的个性化服务受到广大公众的认可，也是唯一两度获得美国Malcolm Baldrige国家质量奖的酒店服务公司。

北京1949

设计公司：ECOLAND易兰
项目地点：中国北京市
占地面积：3 910平方米
建筑面积：2 560平方米
项目功能：会所画廊

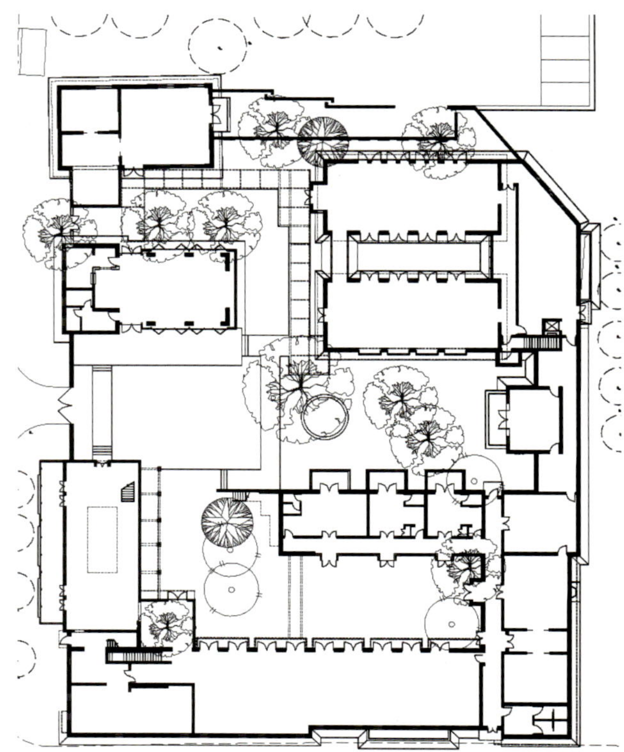

1949位于北京东三环西侧，毗邻三里屯，原为典型的20世纪50年代的工业厂房，砖木结构、低矮、红砖青瓦，并已废弃多年。设计在保护现有大树和厂房的历史文化痕迹的基础上，根据项目地处高消费商务区和前卫文化聚集地的区位特点，以及转换为时尚商务会所的功能要求，进行“生态与重生”的改造，使老厂房焕发新的活力。

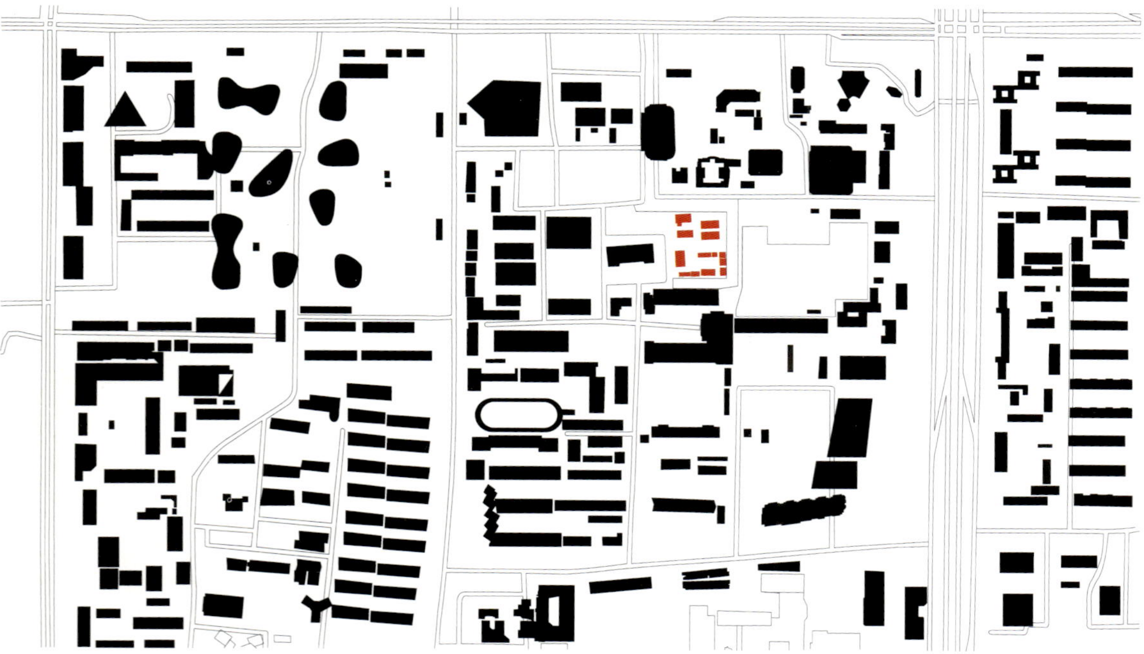

整体布局在保留原有10栋厂房位置基本不变的格局上，通过建筑体量和交通路径的重新组织，创造出主次分明的总体关系，转折递进的空间序列，以及内外流通的互动空间。把原单一的厂房功能改造为多功能的现代会所，集合了艺术画廊、阳光室、中餐厅、西餐厅、贵宾室、面吧、酒吧以及原冷却水井改造的井吧等功能区，以满足多样化的需求。原有的高大树木得到完整的保留并利用颇具人气的露天餐饮区，通过雕塑和景观小品的补充，整体环境充满幽雅的艺术氛围。1949整体被掩映在郁郁葱葱的绿色中，成为一个隐于闹市的世外桃源。

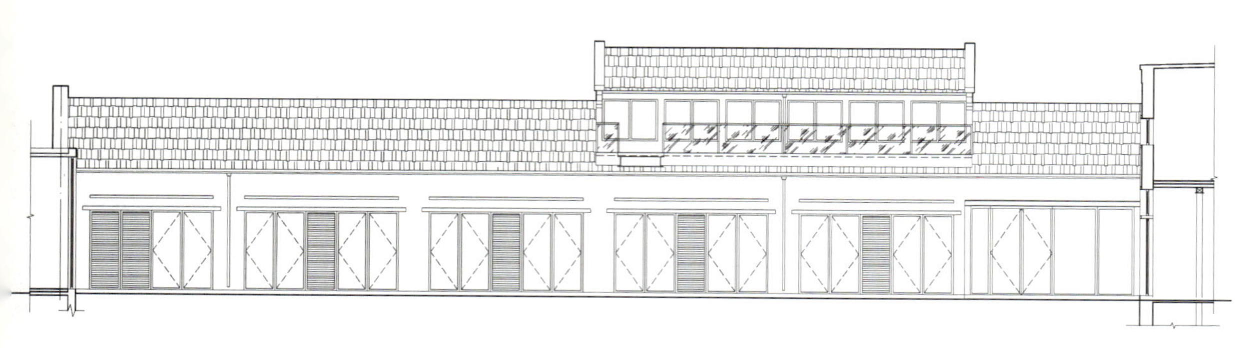

各功能区有相对独立的界定，同时窗户、绿植缝隙、景墙等元素带来一定的渗透性，保持了整体空间的流畅感，廊道则将各个区域串联成一个整体；框景、落地玻璃等方式使内外空间彼此对话；庭院餐饮、交通景桥、屋顶平台等在不同标高上的设计丰富了竖向的空间层次，创造了多种空间活动模式，并增加了可使用面积。这些设计手法使1949在有限的区域内得以灵活地适应各种使用功能和空间的需求，显现出加倍的空间效应。

建筑主体的改造强调“整新如旧”。一是将原有建筑进行加固和再利用，原建筑多为砖木结构，由砖墙承重；改造后，保留了建筑原来的基本为混凝土框架结构，砖墙主要起维护的作用，而且原被拆除的老砖也重新被利用来砌筑墙体或作为铺地材料。二是根据新的功能需要进行加建或材料转变，但尺度和形态仍和原建筑风格统一。如内院的糖果吧采用了双层Low-E玻璃幕墙与深灰色钢结构框架相结合的方式与原有砖房对接，而原有大树通过玻璃盒顶的开口继续生长；在旧建筑屋顶设置的采光天窗和简约的木质窗框百叶，将场地现状的浓密绿荫有机地融合进来，与质朴的红色砖墙及灰色瓦顶共同形成了一个内外一体、生态重生的场所。(供稿单位：ECOLAND易兰)

满家乐购物商场
（屋面设计+室内装修）

项目信息

项目地点：马来西亚，吉隆坡

建筑面积：40 000平方米

室内设计：SPARCH

设计总监：斯蒂芬·平博理（Stephen Pimbley）

国际设计集团SPARCH在马来西亚的首个建筑项目，满家乐购物商场，即将举办落成典礼。SPARCH负责屋面设计和室内装修，以精密的设计理念和创新的技术，创造出一个独特又振奋人心的购物场所。

SPARCH董事兼总监斯蒂芬·平博理负责设计，旨在创造一个独特又振奋人心的购物场所，在所有竞争对手中脱颖而出。满家乐主要是一个住宅区，以家庭为主。设计时抓住了这种感觉，在触感、色彩和材质中皆反映出“温馨”的格调。购物者进入中庭，踏进洒满自然光的像素化“花朵”地铺表面，使整个空间充满独特的个性，体现了建筑物所在地的热带风情。地铺表面采用了抽象的扶桑花图案，作为引导购物者进入中庭以及活动和展会的指定区域的装饰元素。地铺图案的风格和几何造型延伸到中庭拱形屋面结构之中：一个钢架壳体作为ETFE气枕式屋顶的支撑。在下方可以举办各式各样的主题活动和文化表演，供游客参与和观赏。

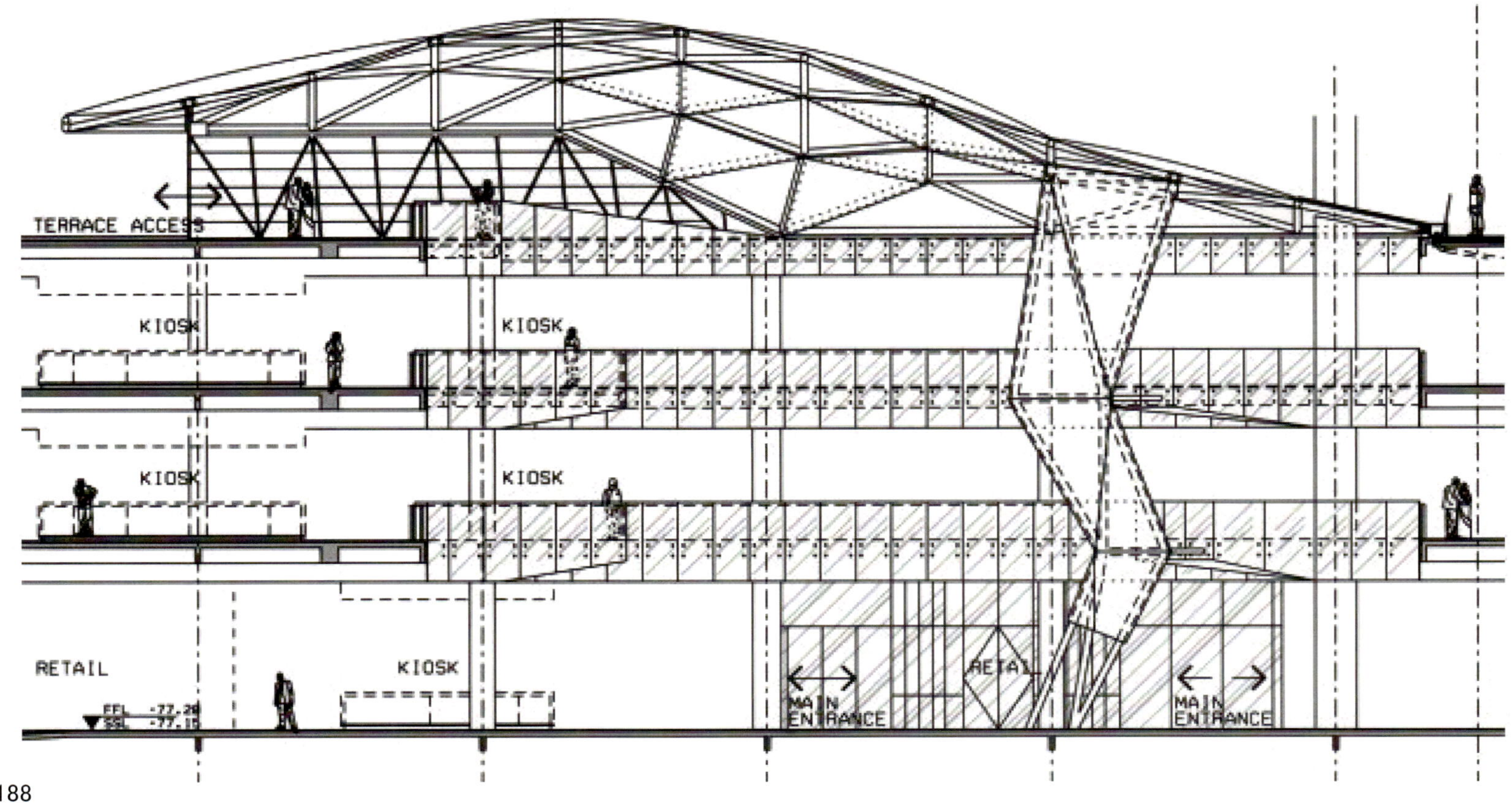

目标

创建独特而激动人心的购物商场建立在下列重要的设计原则之上：

- 激活感官，提供有吸引力的环境，促进人流。
- 人流动线策略性地采用循环式的连续环形布局，既便于游客定位方向，又使游客易于抵达所有商店。
- 在各个特定空间中设计了视觉亮点和装置，以吸引购物者探索所有区域。
- 在整个商场中提供格局恰当的大小商铺。

中庭地铺

中庭大尺度的公共空间需要一个夺人眼球的地铺设计，让空间具有标志性元素，同时建立一个与周围环境的关联。地面上铺设了抽象的扶桑花图案，引导购物者前往不同的场所。因此，不同楼层的地铺图形设计成为激发购物者探索欲望，引导游客进入其他楼层购物的战略之一。

电扶梯

中庭位置设置了一部连接所有商业楼层的电扶梯。该电扶梯直接连接屋顶平台和购物商场。反向的电扶梯让购物者在每层楼最大程度地经过商家。电扶梯扶手采用与中庭栏杆相同的玻璃材质，如此一来，所有楼层视觉上似乎一贯性地在螺旋上升，吸引购物者浏览整个中庭。

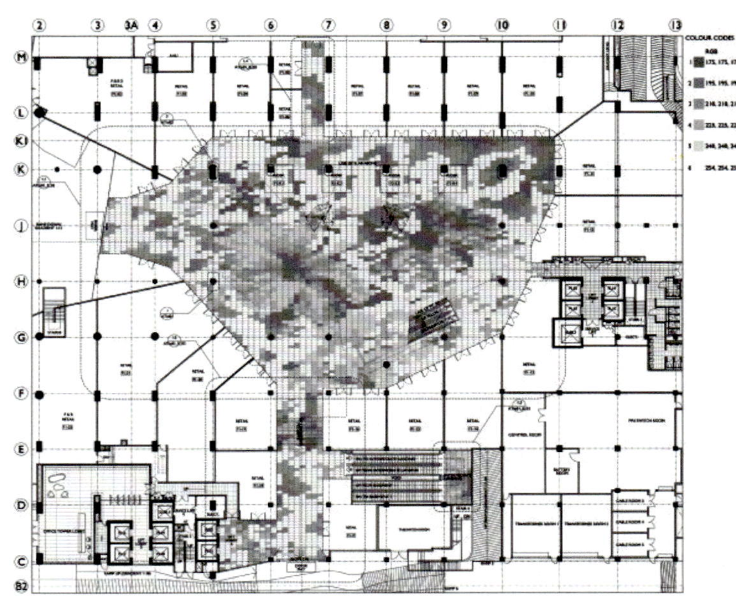

中庭屋顶

选择ETFE作为轻盈的屋面材料以达到大跨度使用轻钢结构的目标。中庭屋顶的形式由其周围的建筑元素决定：北侧与屋顶齐平，南

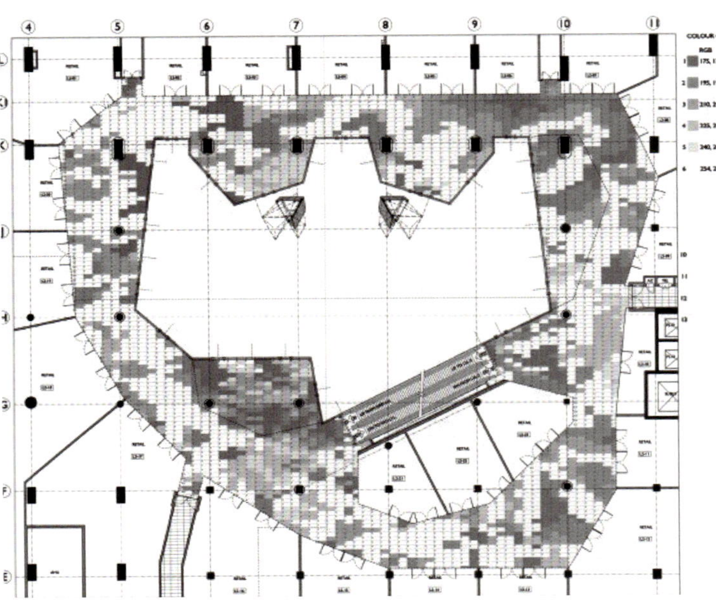

侧则升高形成一个通往屋顶露台的入口。屋面充分利用当地频繁的热带降雨，达到自动清洁的效果。三角形的屋顶结构由中庭空间的两根倾斜的框柱支撑。这些“脚架”不仅减小了屋顶承载跨度并支撑了以下介绍的中庭阳台。

中庭平台

增加中庭空间的设计策略，就是在中庭加入有趣的空间元素来平衡。中庭内部大规模阳台的设计可作为小型餐饮的餐饮休息区，也可以作为小型的零售单位。这些平台由主要的混凝土结构框架和屋顶结构柱支撑。

零售岛

为了获得更均衡的商业区布局比例，商铺前沿全部后移，在走廊区域形成一个“广场”。在走廊内整合“零售岛”的设计方案是保持所有店铺的视觉连续性以及在商场中创建更多视觉亮点的有效方式，同时增加小型的租赁区域。

Yes 4G移动互联网服务

SPARCH的创新装置艺术设计，为马来西亚首个4G无线宽带网络服务的启动增色

国际知名建筑设计集团SPARCH设计的创意装置艺术，于2010年11月19日在吉隆坡乐天购物中心成为YTL“Yes”4G移动互联网网络服务启动的瞩目焦点。

杨忠礼通讯私人有限公司（YTL Communications)名为“Yes”的4G移动互联网网络服务率先启动，覆盖马来西亚全国。SPARCH受杨忠礼通讯的委任，全权为吉隆坡乐天购物中心室内打造新面目，鼎力奉献Yes旗舰店，打造Yes套餐服务销售平台以吸引大量游客和购物者光顾，达到提升公众认知和4G互动体验的双重目的。旗舰店设计摒弃框架式购物体验，使购物者能够打破传统环境限制，浏览Yes产品进行互动。

为了进一步提升顾客全方位体验，一系列LED组成的串联立体屏幕从首层一直悬吊上至购物中心中庭顶层，整个空间充分体现了产品发布的主题。

SPARCH对购物中心室外环境也进行了重新设计，使其更富视觉冲击力；同时特别开辟一处活动空间，多媒体LED立体屏幕宛若产品灯塔，全方位宣传Yes品牌。乐天购物中心这些室内和室外的长期装置艺术无不体现了SPARCH独特的顶级设计理念。

yes
yes
yes
yes
yes
yes
It's here.
Visit us at
www.yes.my
Amazing things happen when you say yes

YTL总经理丹斯里杨肃斌在启动典礼上致辞，他指出：“这一品牌的发展对我们来说任重道远，因为我们致力于树立起在全国都具有极高知名度的品牌。而SPARCH的创意设计将有助于激励马来西亚人更快速地适应互联网生活。”

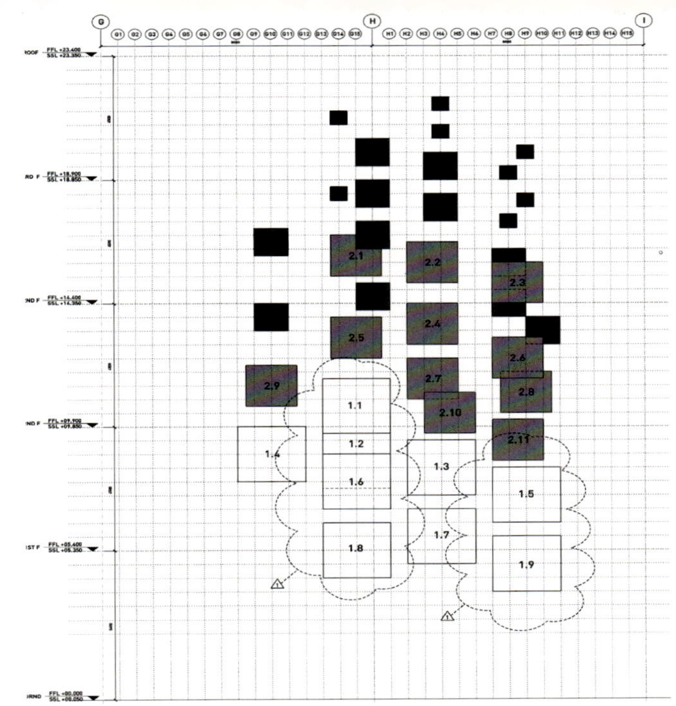

SPARCH董事兼设计总监斯蒂芬·平博理评价道：“SPARCH很荣幸能为马来西亚电信业的历史性转变贡献我们的创意。我们非常高兴地看到我们的装饰艺术设计获得了顾客们的喜爱，并且帮助他们认识Yes品牌这一重要的技术变革。”

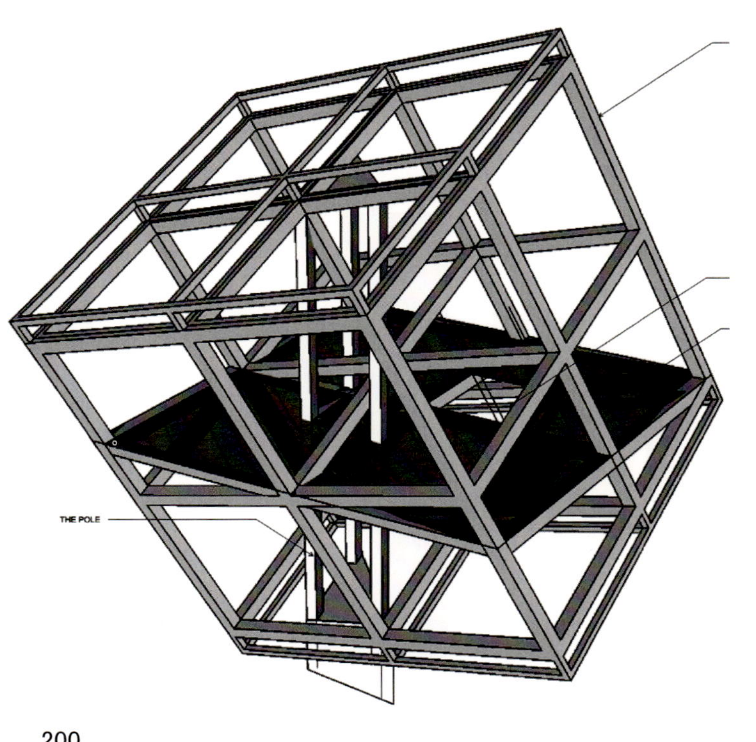

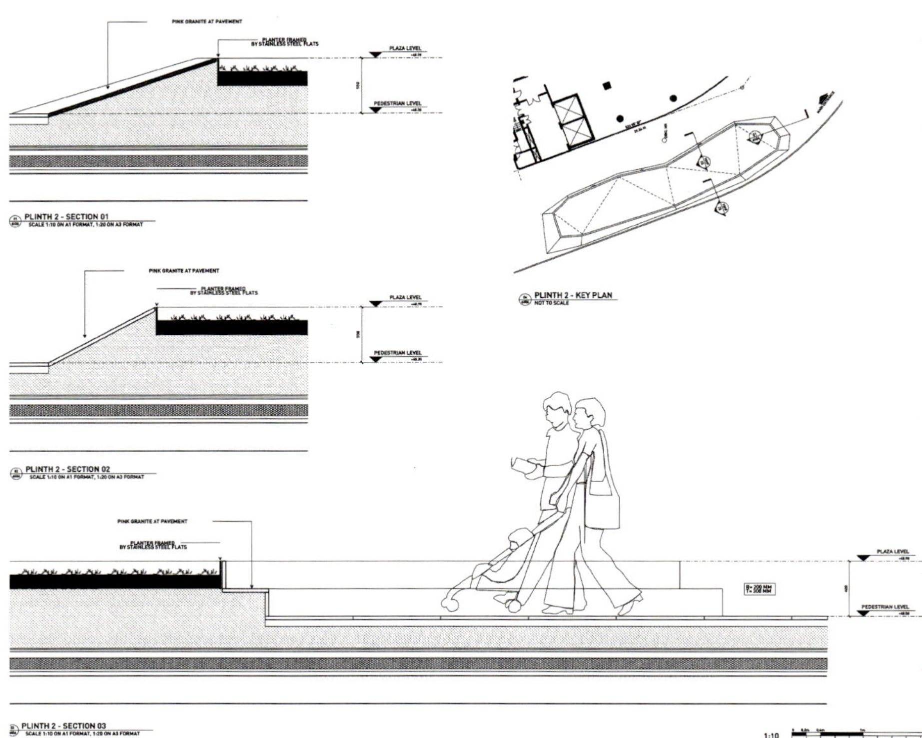

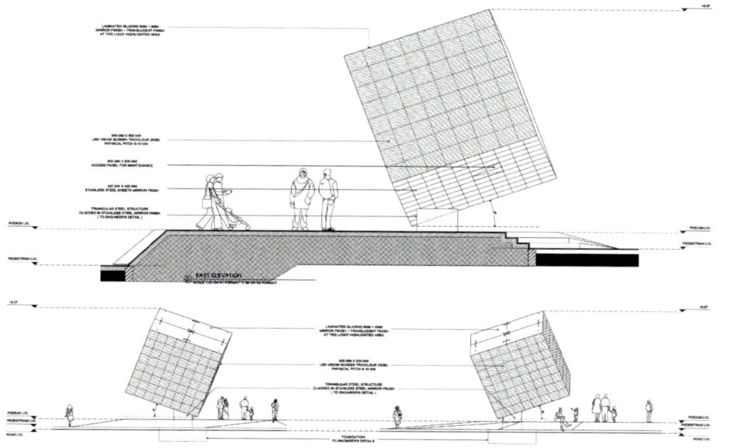

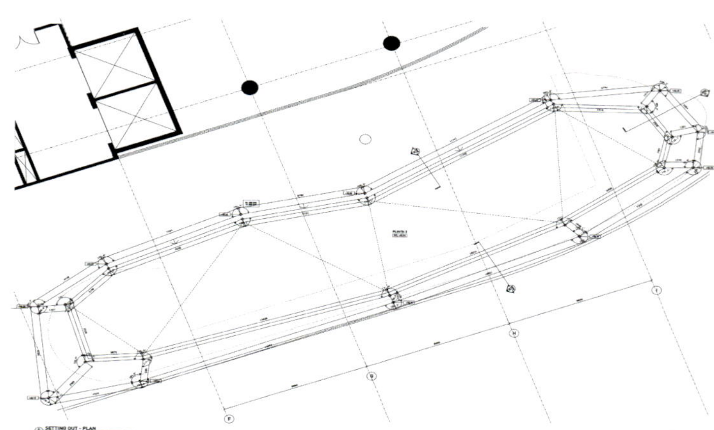

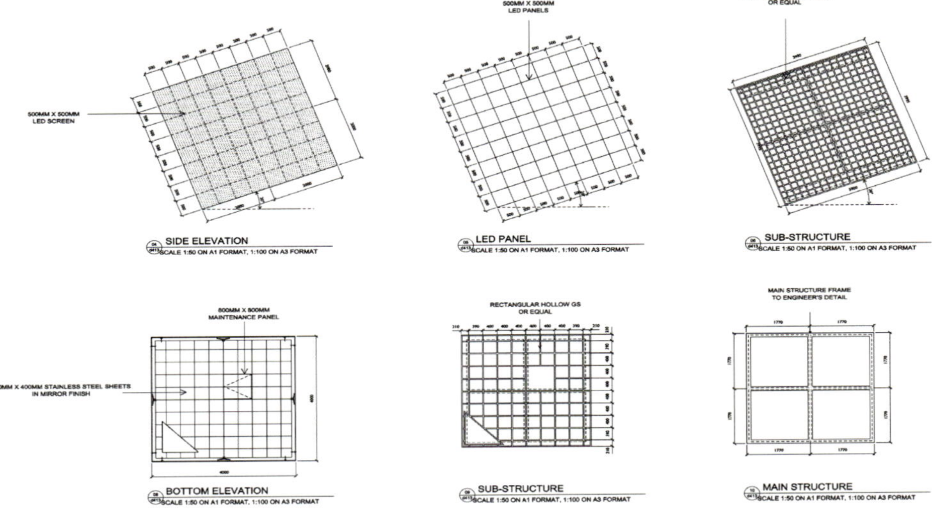

SIDE ELEVATION
SCALE 1:50 ON A1 FORMAT, 1:100 ON A3 FORMAT
LED PANEL
SCALE 1:50 ON A1 FORMAT, 1:100 ON A3 FORMAT
SUB-STRUCTURE
SCALE 1:50 ON A1 FORMAT, 1:100 ON A3 FORMAT
BOTTOM ELEVATION
SCALE 1:50 ON A1 FORMAT, 1:100 ON A3 FORMAT
SUB-STRUCTURE
SCALE 1:50 ON A1 FORMAT, 1:100 ON A3 FORMAT
MAIN STRUCTURE
SCALE 1:50 ON A1 FORMAT, 1:100 ON A3 FORMAT

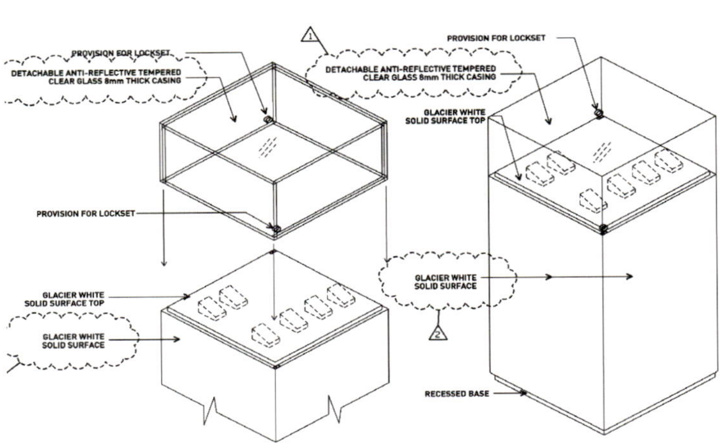

PROVISION FOR LOCKSET
DETACHABLE ANTI-REFLECTIVE TEMPERED CLEAR GLASS 8mm THICK CASING
PROVISION FOR LOCKSET
GLACIER WHITE SOLID SURFACE TOP
GLACIER WHITE SOLID SURFACE
GLACIER WHITE SOLID SURFACE
RECESSED BASE

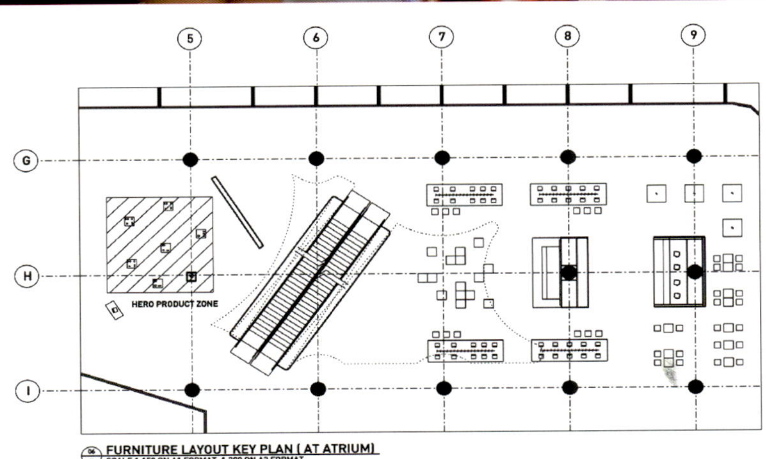

5
6
7
8
9
G
H
I
HERO PRODUCT ZONE
FURNITURE LAYOUT KEY PLAN (AT ATRIUM)
SCALE 1:150 ON A1 FORMAT, 1:300 ON A3 FORMAT

dusitD2 Baraquda Pattaya

地点：泰国芭堤雅

面积：10 000平方米

dusitD2 Baraquda位于泰国美丽的度假城市芭堤雅的活力不夜城里。整个项目就是一个欢腾的精品概念，大胆使用了混合传统与现代绿松石的感觉，同时添加了浓郁的令人无法抗拒的美丽泰国风情和香气，就如同在蓝色大海上的一颗宝石放出璀璨的光茫。

整个项目共有1万平方米，能够满足客户的各种各样的需求，包括72间客房、休息室、游泳池、餐厅、健身房、水疗、会议、酒吧等，“DEEP BAR”和“SUNSET BAR”更是能欣赏芭堤雅全景日落美景。

dusitD2
baraquda
pattaya
sea
dspa
dEEP

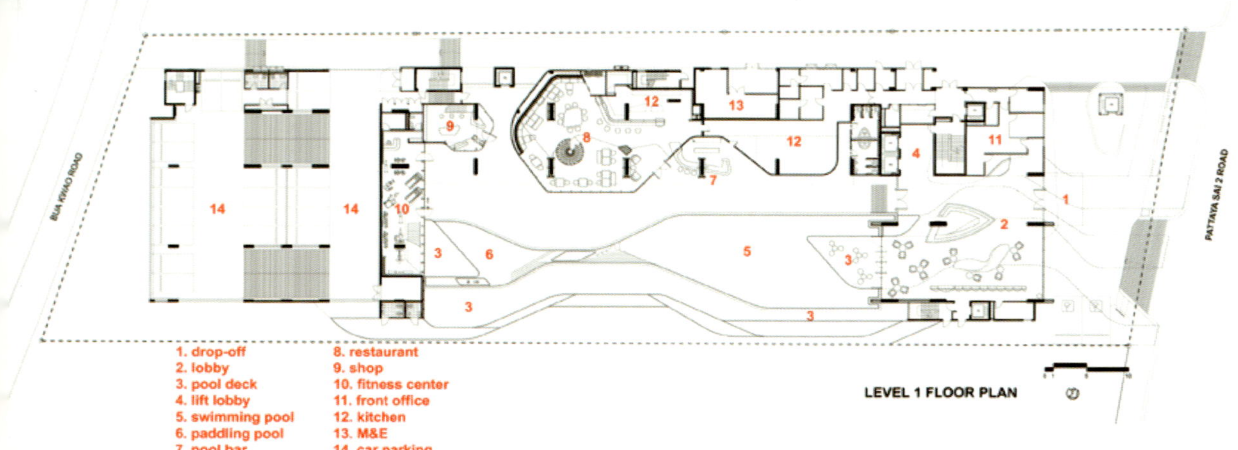
1. drop-off
2. lobby
3. pool deck
4. lift lobby
5. swimming pool
6. paddling pool
7. pool bar
8. restaurant
9. shop
10. fitness center
11. front office
12. kitchen
13. M&E
14. car parking
LEVEL 1 FLOOR PLAN

项目的设计理念来源于整个城市源源不断的活力人群。整体空间和形态的形成围绕动态波前12米深的悬臂式盒子—“DEEP BAR”，其位于酒店的4楼，有专用的玻璃电梯通往最高的处所。项目通过不断运行的无形的波在大堂酒吧内形成有形的庞大的“波墙”。这些起伏的轨迹作为一种工具不断地利用，从而来塑造整个项目的元素。包括弯曲的泳池、起伏的栏杆以及所有的室内设计元素。

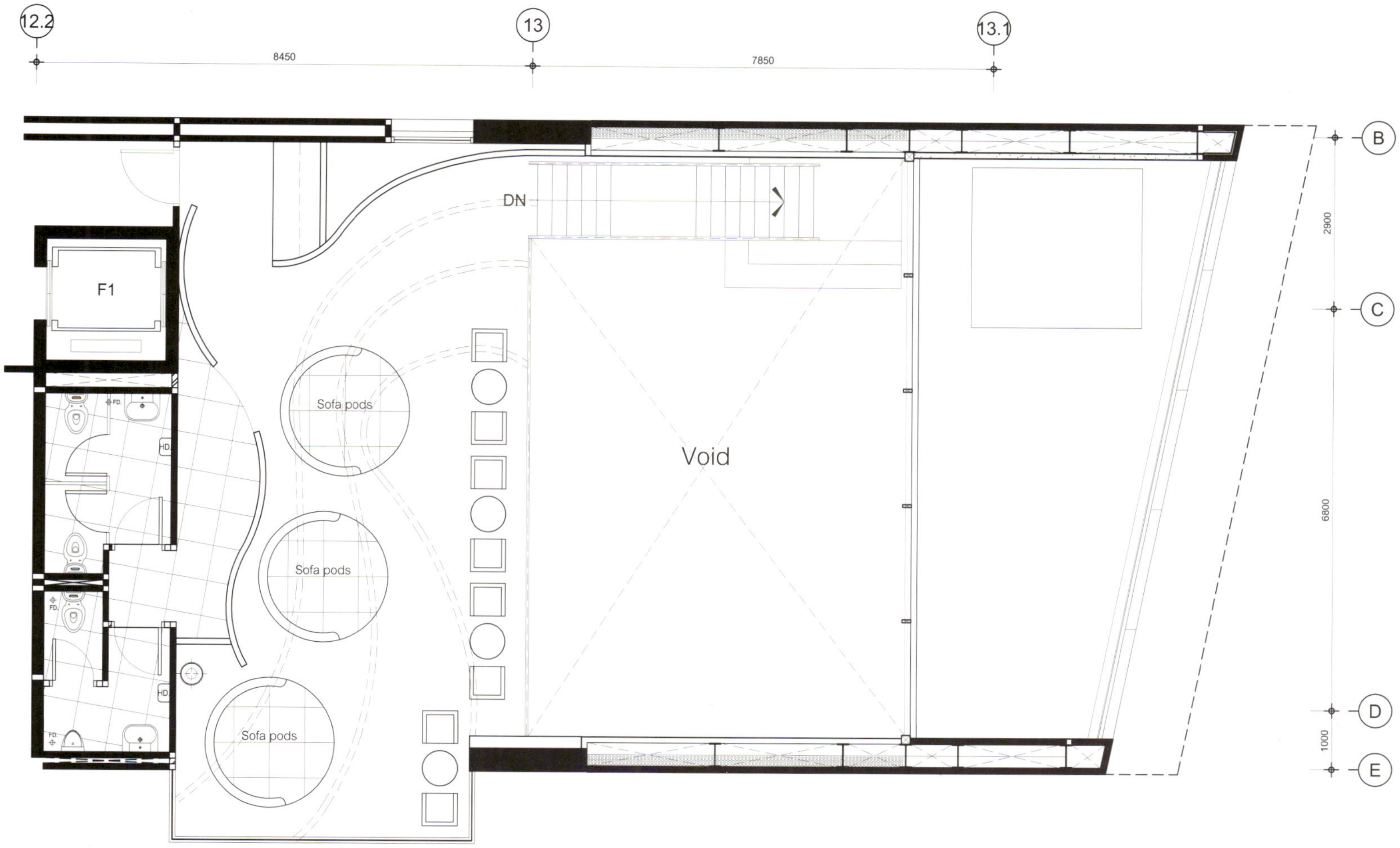

12.2
13
13.1
8450
7850
B
C
D
E
2900
6800
1000
DN
F1
Sofa pods
Sofa pods
Sofa pods
Void
FD
HD

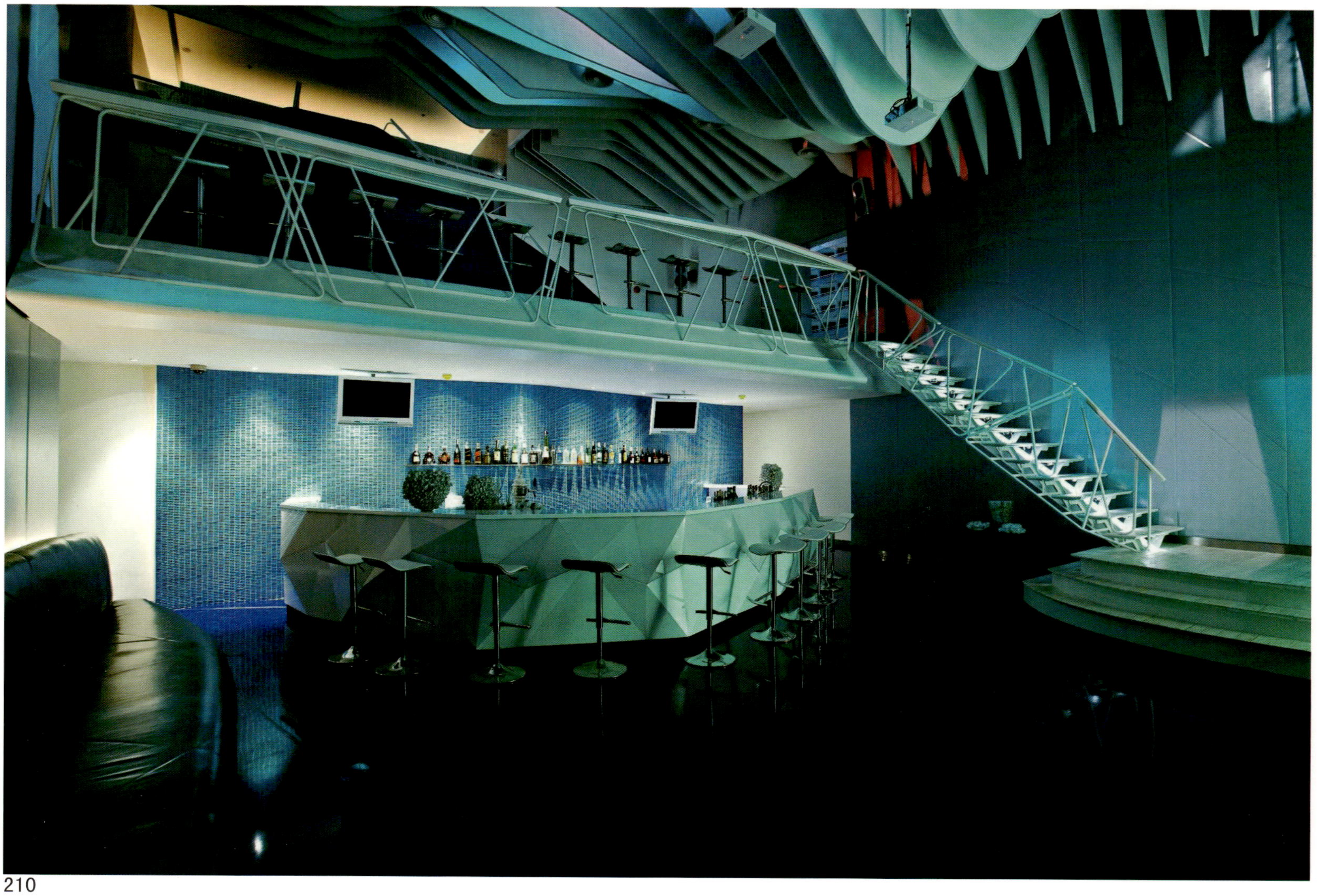

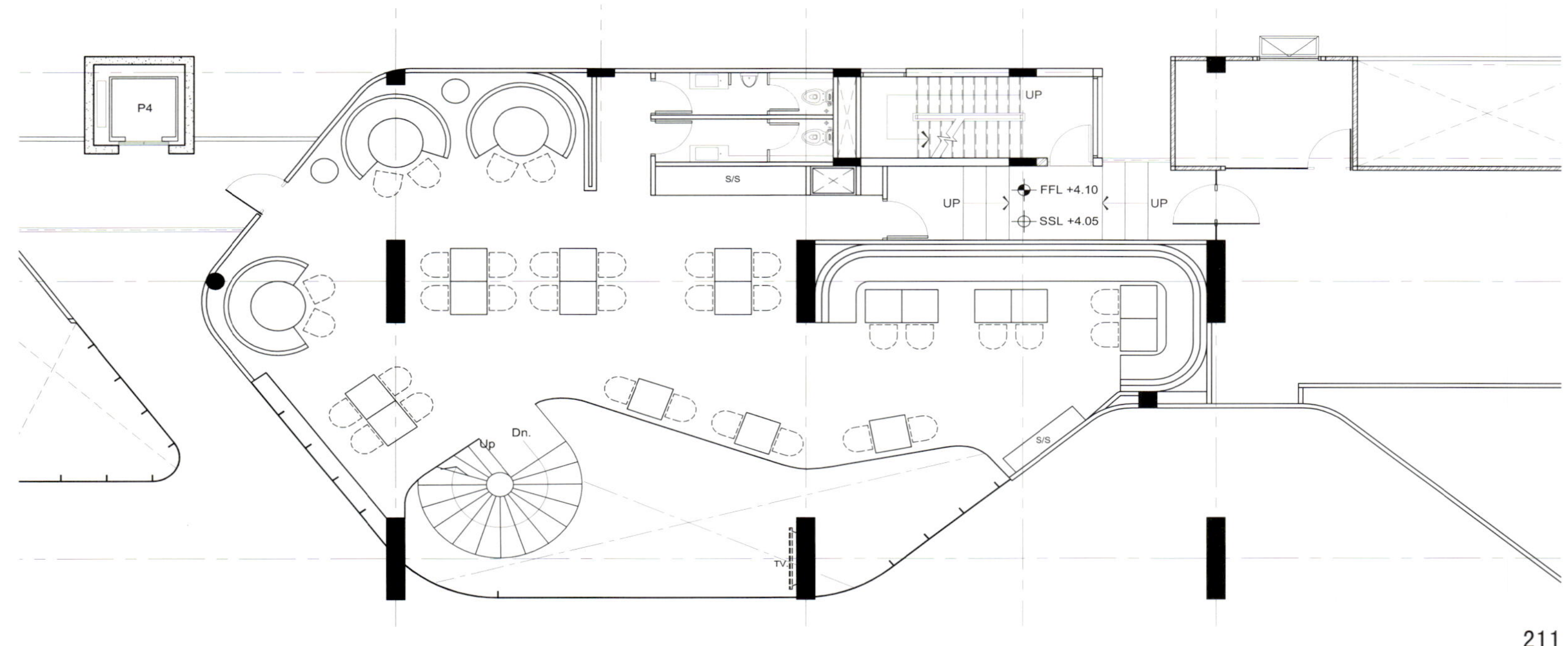
P4
S/S
UP
FFL +4.10
SSL +4.05
UP
UP
Up
Dn.
S/S
TV

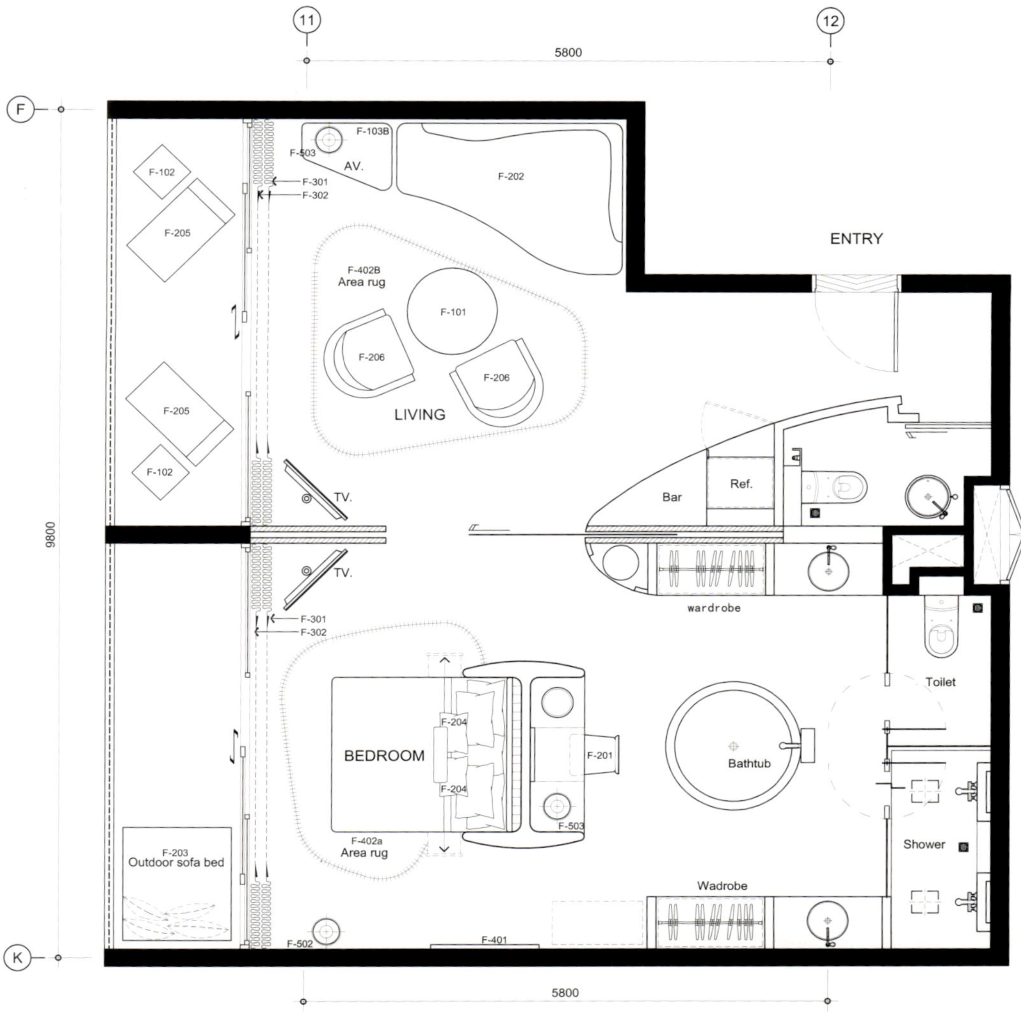

11
12
5800
F
K
9800
ENTRY
F-102
F-205
F-103B
F-503
AV.
F-202
F-301
F-302
F-402B
Area rug
F-101
F-206
LIVING
TV.
Bar
Ref.
wardrobe
Toilet
BEDROOM
F-204
F-201
Bathtub
F-402a
Area rug
F-203
Outdoor sofa bed
Shower
Wadrobe
F-502
F-401

CULLINAN

天玺打造逆市销售奇迹

项目信息

天玺是机铁九龙站的第六期项目，由两座约270米高的摩天大厦组成，分别为“天玺I”及“天玺II”，是香港最高的综合式住宅地标建筑。项目共提供825个豪华单位，“天玺I”提供625个单位，主要标准单位面积为53至213平方米，特色单位面积则为142至377平方米。钻石级私人会所d'Oro设有多项非凡设施，包括全球独有的“菲猎罗富齐茂同酒窖”、私人餐饮宴会厅“CARAT 3106”、总面积近1 858平方米的室内外游泳池“银影池”及“金镜池”、设有顶尖美容科技及仪器的“钻光水疗”、私人健身室“千卡健身馆”的普拉提瑜珈室设施以及儿童专用健身室“千卡运动园”等。

销售状况

新地代理执行董事雷霆表示：“‘天玺’为新地悉心打造的顶级豪宅项目，为了彰显住户的超然尊贵地位，我们斥资五亿元建造媲美顶级富豪私人会所的‘d'Oro’，为‘天玺’的尊贵住户提供无可比拟的优越生活享受。贵丽奢华的会所设计更融合时尚艺术触觉，缔造新世代的超然豪宅生活气派。‘天玺’贵为城中矜贵非凡的豪华府邸，一直以来备受市场注目，开售以来，销售成绩非常理想，‘天玺I’约600套单位目前已累计销售近500套，套现近100亿港元。”而谈到香港豪宅市场的发展，雷霆表示：“香港豪宅市场现时发展平稳，豪宅价格仍有上升空间。由于市场上同类顶级豪宅供应绝无仅有，而明年香港经济预期良好，加上香港楼市受惠于低息环境及资金充足，集团对‘天玺’的后续销售充满信心。”

住户尊享全港独有非凡设施　尊贵身份不言而喻

“天玺”贵为香港极致豪宅项目，除了为住户提供优越的生活享受外，更为豪宅项目设立了更高的奢华标准，其钻石级私人会所“d'Oro”为尊贵住户提供多项非凡会所设施，部分更为香港住宅会所首创，包括全球独有的“菲猎罗富齐茂同酒窖”，展出自1946年起出产的限量版Chateau Mouton-Rothschild全套珍藏酒樽，让住户足不出户即可尽览由国际知名艺术家设计、有如艺术品般精致珍罕的酒标，住户更可于旁边的名钻廊悠然品尝各地出品的美酒佳酿，并将私人珍藏存放于此，凸显“天玺”住户的显赫地位与身价。

会所内的高级餐饮宴会厅“CARAT 3106”特别邀请多间米其林推荐餐厅的国际级名厨主理多国佳肴，如驰名淮扬菜食府“东来顺”、享有百年历史的日本料理“稻菊”以及闻名国际的高级意大利餐厅“Sabatini”等，为“天玺”住户呈献世界级顶尖佳肴。

“CARAT 3106”更特设两个装潢时尚瑰丽的豪华私人宴会厅，让住户可随时随地举办私人宴会及派对，其中半开放式设计的“星钻之宴”，其设计集摩登时尚与瑰丽于一身，是举办小型私人聚会的最佳场所；高贵非凡的大型私人宴会厅“千钻之宴”最适合广宴亲朋，宴会厅内设置真丝家具，时尚的沙发及影音组合，配以品位高雅的艺术装饰品，弥漫着优雅艺术的气息，广阔的落地玻璃让住户与宾客一边享用丰盛佳肴，一边眺望维港美景，尽显奢华高贵的富豪气派。

近2 000平方米室内外双泳池设计　冠绝同区

“d' Oro”除了配备多项全港独有的设施及媲美六星级酒店的尊贵服务，更提供冠绝同区的休闲娱乐设施，让住户身处繁华大都市之中，亦尽享惬意悠闲的生活体验。会所内分别特设“银影池”及“金镜池”两个泳池，总面积近2 000平方米，冠绝同区物业会所。室内恒温泳池“银影池”附设“银影暖水按摩池”，让住户惬意畅泳之余，亦能享受悠然按摩，疲劳尽消。宽广偌大的室外“金镜池”远眺一望无际的维港明媚风光，住户白天可尽览海天一色的绝美景致，夜间则可细赏大都会璀璨景色，附设的“金镜按摩池”让住户全天候尽享悠闲生活体验。

住户若想享受片刻悠闲，亦可于室内的“银影涧”及“日光金浴”稍作休息或享受日光浴，更可于“乐弛畔”浅尝可口美饮，尽情享受闲适生活的情趣。

区内最大设备齐全的水疗中心，媲美六星级酒店

位于“d' Oro”二楼的“钻光水疗”，设有顶尖美容科技及仪器，由专业美容护肤专员精心挑选矜贵护肤品，为住户提供最高水平的水疗护肤体验。“钻光水疗”内的水疗专家会为住户提供专业美容咨询以及最贴心的服务，切合追求高品质生活享受的住户。并特设专业美容及按摩护理服务，让住户享用双人私家水疗按摩，足不出户即尽享媲美六星级酒店的顶尖美容享受，满足对优越生活享受的极致追求。

私人健身室“千卡健身馆”及普拉提瑜珈室设施为私人会所罕有，面积近500平方米的健身馆设备完善，是全港首个率先引入意大利健身仪器名牌Panatta Sport全新Pinifarina系列高科技健身仪器的私人会所。Pinifarina为国际跑车品牌的御用设计公司，当中包括Maserati及Ferrari，将矜贵的设计美学融入高科技及高性能的健身器材之中，彰显住户尊贵身份。“千卡健身馆”配以落地玻璃幕墙，住户面向全海景观，一边享受大自然美景，一边享用馆内设施，身心舒畅。

67万元人民币每平方米

2009年的天玺，其成功的营销模式被公认为是个奇迹。2009年香港经济全面下跌，汇丰控股更是创14年新低，破1987年股灾以来最大单日跌幅。楼市也同样大幅下跌，部分区域下跌幅度高达3成。然而就在这样的背景下，位于九龙的天玺天汇大厦的68楼A室以4.39亿港元售出，均价折合每平方米67万元人民币，成为全球最昂贵的房子。打破去年英国分层豪宅One Hyde Park创下的63 069元全球最贵成交呎价纪录。

4大谋略终成功

招数一：逆市定天价抢至高无尚定位

展商称天玺价格，没参考指标，没得参考。每次推盘的价格都是最贵，每次都是新高价。海景单位200 000元/平方米，内园单位150 000元/平方米，比同区质量相约的凯旋门，贵5成至1倍，比同区拥有更优胜海景楼盘君临天下的海景单位贵3成。

招数二：先推天价特色单位引起话题

三层复式设计高层特色单位500 000元/平方米，待做到高价成交后，才推出标准单位，令标准单位售价可接近特色单位水平。

招数三：楼盘推出期一拖再拖

2007年3月，为楼盘命名，公布9月开售。

2007年9月，公布改在年后开售。

2007年底，公布天玺为2008年新盘。

2009年3月，终于开售。

拖足2年，2年内除做了多次的“狼来了”预告，令知名度不断提高，亦不断向外界发放“基金洽购”等消息，将楼盘包装得极度矜贵。

招数四：以“基金洽购”做炒作

以“基金洽购”做炒作。楼盘开售前在市场发放基金客拟大手洽购消息，令楼盘变成“基金爱楼”，并声称拒绝基金客。将楼盘包装得极度矜贵，显示发展商有信心可消化全部单位，故拒绝基金客。

“最”元素

香港第一高住宅

天玺由两座约270米高的摩天大厦组成。现时全球最高的住宅为澳洲黄金海岸Q1Tower，高度达323米，天玺仅次其后。九龙站上所盖众多屋苑中，次高物业擎天半岛1座，高度约为256米，君临天高255米，凯旋门231米。

首个钻石式玻璃幕墙

双层玻璃幕墙。新鸿基首个于豪宅使用全钻石式玻璃幕墙设计，玻璃幕墙成本比一般住宅外墙高出50%以上。

首个住宅采取甲级商厦标准，独立专梯

天玺首创七个独立尊座，各座均设独特大堂入口及专用电梯，专梯可由大堂直达所属楼层（无论楼层多高），不转梯，保安严密及私隐度极高。

首个住宅采取甲级商厦标准。专梯以6米/秒的速度升降，梯内设立无中断的电信信号设施，住户可在专梯接收手提电话而不受干扰，为住宅罕有设计。

5亿元打造顶级豪华私人会所设施

会所合共3层，面积1.1万平方米，会所楼高10米，大堂一盏高23米阔13米、合共50万粒水晶吊灯，价值逾5 000万港元。此外会所除提供面积6 667平方米的室内外泳池及按摩池、千卡健身馆、千卡运动园、钻光水疗外，还设有一个面积逾1 667平方米的CARAT 3106宴会厅，并引入米其林高级餐厅等。

钻石厨房，价值150万港元起

所有单位均配有“钻石厨房”组合，包括英女王伊莉沙白二世、荷里活巨星毕彼特皆采用的德国Bulthaup厨柜及所有工序均在美国推行的Sub-Zero及Miele电器。每户厨柜连设备价值高达150～300万港元。

3亿元打造示范单位

耗资3亿元打造位于中环国际金融中心（IFC）1、2期，占地约4 450万平米示范单位及展览馆。

匠心设计间隔

间隔由267米1房至733米4房俱备；前排海景单位横排式设计，令每个房间享有相同的景致。极少主力墙，可灵活更改，方正间隔，增加户型实用性。标准单位两房至四房双套设计；特色单位每户设有私人户外花园或平台。

豪宅新定义

特高楼层。标准单位楼高约3.3米至3.5米，最高达3.6米。特大窗户。全落地玻璃设计，采光又通风，环回景观一览无遗。室内可用面积特大。

雷霆表示：“‘天玺’为新地的倾力之作，于物业每项细节均花费巨资，为了彰显住户的尊贵地位及提高私隐度，首度引入全港首创之独立尊座设计，将整幢物业划分为七个独立尊座，建筑成本比一般设计高一倍，价值不菲，充分展现住户的显赫地位。而新地特别斥资港币三亿元，于国际金融中心二期建造了设计装潢富有华贵时尚及雅致格调的示范空间，让大家感受非一般豪宅物业所能媲美的磅礴气势及尊贵魅力。此外，新地除了重视物业素质外，对生活品位的要求同样严格，‘天玺’贵为城中最矜贵非凡的豪华府邸，我们特别斥资高达港币五亿元，打造钻石级私人会所d'Oro，并以国际级私人会所形式营运，为香港绝无仅有，足见集团的无穷创意及独特心思。”

为了让“天玺”客户感受到无与伦比的贵豪华丽气派及超崇生活享受，特别打造展览馆，展览馆共分为三个主题，将物业的矜贵优越一一呈现。访客首先进入模拟私人飞机舱，享受“天玺”VistaJet私人飞行服务，带领访客傲游四大世界高端名城，包括米兰、纽约、伦敦及东京，再降落于“天玺”，亲历高人一等的尊尚生活享受，以及体验到物业的非凡身价。进入“天玺”动感模型展示区，配合先进的幻彩灯光及技术，物业简介即从水中活现眼前，紧接看“天玺”物业动感模型随即改变形态，由全自动计算机详细讲解七个独立尊座的分布及豪华私人会所内的各项设施与特点，尽显“天玺”摄人魅力。最后步入瑰丽堂皇的私人影院，偌大的屏幕播放一段从未曝光的物业形象短片，让观众于浮光幻影中感受“天玺”的王者风范。（本项目图片来自于新鸿基地产天玺网站）

Appliance设备	Brand牌子	Brand牌子
Bathrooms浴室	4-piece Bathrooms 浴缸、沐浴间、坐厕、洗手盆	3-piece Bathrooms 浴缸、坐厕、洗手盆
Bathtub豪华浴缸	Roca	Roca
Water Closet豪华坐厕	Duravit	Duravit
Wash Basin豪华洗手盆	Duravit	Liano
Bathtub Mixer浴缸龙头	Axor	Axor
Shower Mixer沐浴间水龙头	Axor	-
Basin Mixer水龙头	Axor	Axor
Paper Holder厕纸架	Colombo	Jado
Tower Bar毛巾棍	Colombo	Jado
Tower Ring毛巾圈	Colombo	Jado

卫生间设备说明

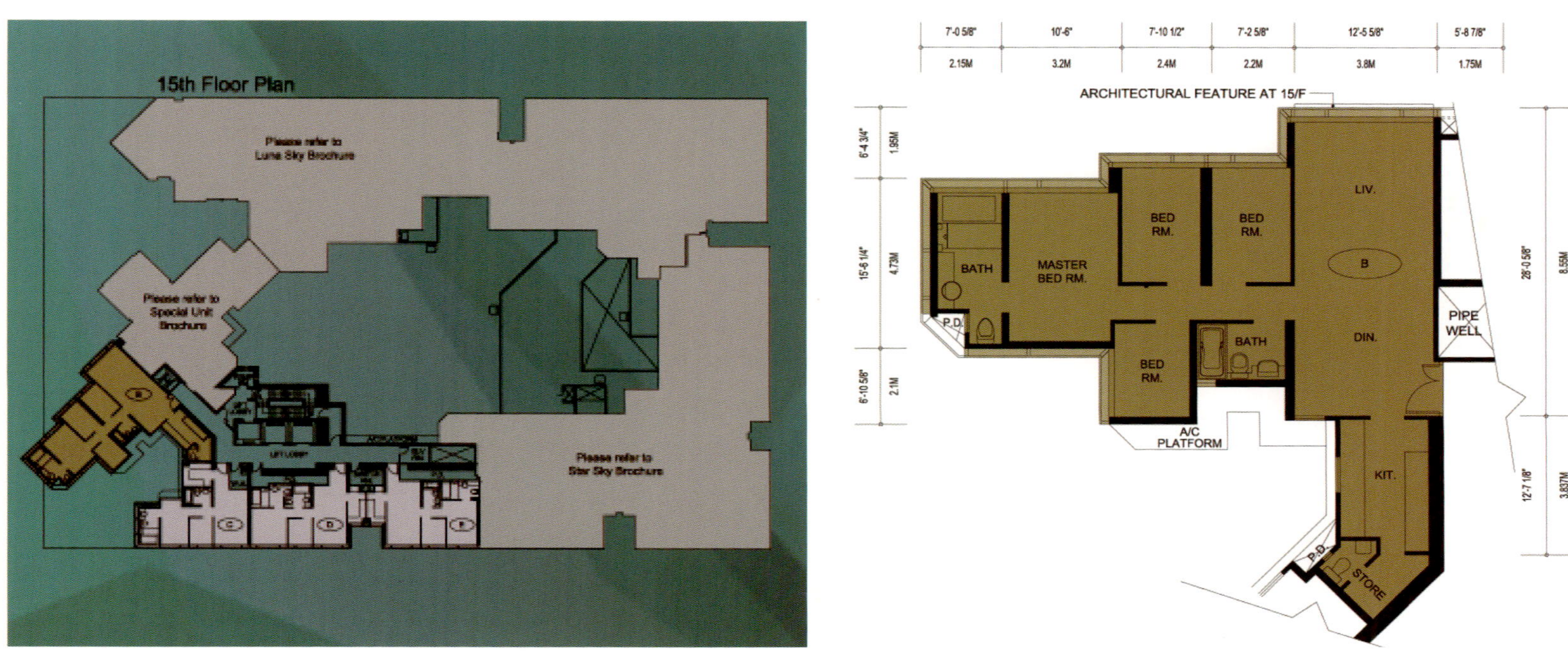

天玺Aster Sky 15th Flat B Floor Plan平面设计图

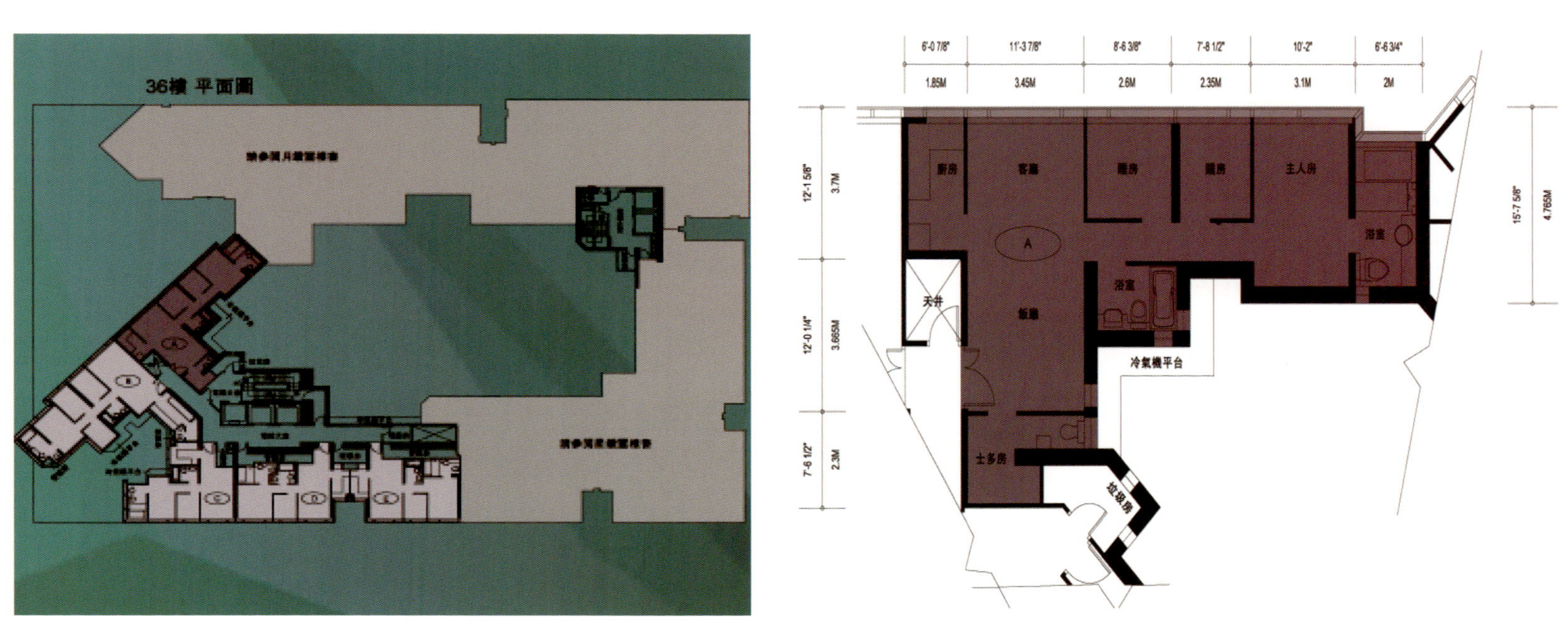

天玺彗星玺36楼A单位平面设计图

实名制
会员制
地产视界
收藏家
分享家
你我共有的
地产人脉圈
商业
酒店
豪宅
策划
设计
发展商
材料

地产一品堂 综合性地产信息咨询服务商 Consulting Services

首页 最新项目 内容精粹 设计馆 e品堂专刊 关于我们

下午好 李嘉诚先生 您有 3条 新消息 × 退出 Search

新闻公告： 庆祝《地产一品堂》网络交流平台正式成立 【2011年8月20号】

迪拜国际金融中心丽思卡尔顿酒店

上海外滩英迪格酒店

澳门悦榕庄——五星级城市度假村

上海浦东丽思卡尔顿酒店

内容精粹 Hot

酒店 旅游 别墅 商业地产 更多>>

上海外滩英迪格酒店

上海浦东丽思卡尔顿酒店

澳门悦榕庄——五星级城市度假村

Hiilton Pattaya Hotel

迪拜国际金融中心丽思卡尔顿酒店

Sala Phuket Resort and Spa

设计馆 Design

更多>>

涵璧湾

0 House

城市聚合体 —— 利马的8栋LOFT公寓

最热评论 Forum

更多>>

话题 回应数

1.《地产一品堂》将与龙湖地产合作

2.《地产一品堂》绿城理想圆满成功

3.《地产一品堂》商业盛宴即将发售

4.《地产一品堂》直投全国千家开发商

5.《地产一品堂》三期征稿中

精彩活动 Exhibition

更多>>

《地产一品堂》为了庆祝网络交流平台的成立，开办了.....

高端对话 Talk

更多>>

李嘉诚

要建立一支同心协力的团队，最重要的就是能够听得到沉默的声音

走进e品堂 About Us

更多>>

《地产一品堂》杂志是上海素净韵灵风文化传播有限公司策划出版的，主要面向各级地产开发商营销部、设计部的专业综合性顶级高端双月刊物。

首页 · 最新项目 · 内容精粹 · 设计馆 · E品堂专刊 · 隐私声明 · 关于我们

Web Design by SMALLVIEW

4.23 SOHO中国
首拍成功
5.15 SOHO中国
多业态试水 竞拍超1.36亿
5.22 上海一家人
暗拍、倒拍新玩法
5.25 南国威尼斯城
旅游地产首登陆电商
5.29 游站
整盘专卖 2分钟抢购180套
6.6 南国威尼斯城
再掀团购风潮
6.10 二手房精品20套
二手房电商新模式
6.11 SOHO中国
三战电商成常态
6.11 金手指
0底价竞拍再成功
6.12 中南西海岸
开盘抢空360套
精彩等你